재미있고 쉬운

인지행동 미술치료

안명현 · 강민수 · 김민지 · 김영애 · 송민영 · 오현주

장재영 · 정유진 · 최희진 · 하연아 · 홍정의 공저

Cognitive Behavioral Art Therapy

학지사

머리말

　우리나라에 미술심리치료가 들어온 지 벌써 40년이 되어 가고 있다. 서울에서 미술심리치료 전문가인 김진숙 교수님을 중심으로 창립한 한국표현예술심리상담협회도 올해로 20년을 맞는다. 미국의 초창기 미술심리치료는 주로 정신분석, 분석심리학 중심으로 연구되고 보급되었다. 미술치료 창시자인 Naumburg, Kramer 등의 대가는 정신분석을 중심으로 미술치료의 초석을 놓았다. 우리나라의 미술치료는 정신분석, 분석심리학, 인본주의 심리학적 미술치료가 주를 이루었다.

　우리나라의 미술심리치료는 많은 성장과 발전을 하였다. 많은 전문가가 배출되었고, 미술치료자들은 각계에서 많은 활동을 하고 있다. 이제 한 단계 넓히는 차원에서 2020년 인지행동 미술치료기법이 탄생할 시기가 된 것 같다.

　필자는 2018년『재미있고 쉬운 인지행동 놀이치료』1, 2권을 번역하면서 그 책 속에서 보석 같은 인지행동 미술치료기법들을 발견하게 되었다. Goodyear-Brown(2018)은 놀이치료자이지만 아동들과 놀이치료를 하면서 미술치료기법들을 많이 사용하였다. 아동들의 판타지 공간인 놀이치료실을 들어가 보면 다양한 놀잇감이 놓여 있고, 한쪽에는 미술도구들이 놓여 있다. 이런 환경을 조성해 놓은 이유는 아동들이 놀이를 통해 심리를 언어화시키고, 치료자와의 관계 속에서 성장시키며, 또한 미술작업을 통해 창조성과 카타르시스, 인지작업을 할 수 있기 때문이다.『재미있고 쉬운 인지행동 놀이치료』1, 2권에는 Goodyear-

Brown이 개발한 많은 미술치료기법이 들어 있다. 필자는 그 책을 번역하면서 인지행동 미술치료 부분들을 따로 만들어서 보급하고 싶다는 마음이 들었고, 이에 미술치료 전문가들과 함께 1년여에 걸쳐 연구와 실습을 해 온 내용을 정리하여 이 책을 출간하게 되었다.

　이 책의 내용을 살펴보면 다음과 같다.

　시작은 정보습득을 위한 인지행동 미술치료를, 마지막에는 종결단계에서 할 수 있는 인지행동 미술치료기법에 대한 내용을 담았다. 이렇게 구성한 이유는 치료자들이 인지행동 미술치료를 임상 시작에서부터 종결까지 적용할 수 있도록 하기 위해서이다. 독자들은 목차에서 제시한 것과 같은 순서로 따라가면서 치료를 한다면 효과적인 도움을 받을 수 있을 것이다. 또한 각 장의 마지막 부분에는 개인이나 집단에 적용할 수 있는 10회기 프로그램 또는 회기별 프로그램을 넣었다. 그러나 제2, 3, 11장에는 각 장의 특성상 회기별 프로그램을 수록하지 않았다. 왜냐하면 제2장은 정보수집을 위한 장이기 때문에 회기별 프로그램 대신 미술심리진단기법을 넣었으며, 제3장은 인지행동이 무엇인지 내담자에게 교육하는 시간이기 때문에 회기별 프로그램이 필요하지 않다. 또한 제11장은 종결 부분이므로 회기별 프로그램이 필요하지 않다.

　각 장의 내용을 구체적으로 살펴보면 다음과 같다.

　제1장에서는 인지행동 미술치료의 이론에 대해 설명하고 있다.

　제2장에서는 인지행동 미술치료 개념화 도입으로서 문제를 진단할 수 있는 정보습득을 위한 인지행동 미술치료기법들을 소개하고 있다.

　제3장에서는 인지행동 교육을 위한 인지행동 미술치료기법들을 소개하고 있다.

　제4장에서는 분노조절을 위한 인지행동 미술치료기법들을 소개하고 있다.

제5장에서는 자존감 향상을 위한 인지행동 미술치료기법들을 소개하고 있다.

제6장에서는 스마트기기 중독예방을 위한 인지행동 미술치료기법들을 소개하고 있다.

제7장에서는 자기조절을 위한 전략적 인지행동 미술치료기법들을 소개하고 있다.

제8장에서는 사회적 관계기술을 위한 인지행동 미술치료기법들을 소개하고 있디.

제9장에서는 문제해결 및 대처전략을 위한 인지행동 미술치료기법들을 소개하고 있다.

제10장에서는 폭력학대 피해자를 위한 인지행동 미술치료기법들을 소개하고 있다.

제11장에서는 종결단계에서의 인지행동 미술치료기법들을 소개하고 있다.

인지행동 미술치료는 개인을 대상으로 할 때도 유용하지만 집단을 계획할 때 짧은 회기 안에서 효과를 볼 수 있다. 심리적 고통을 당하는 사람들은 왜곡된 인지로 인하여 심리적 어려움을 겪는다. 그러므로 왜곡된 인지를 바꾸어 준다면 심리적 어려움이 많이 경감될 수 있을 것이다. 왜곡된 인지를 바로잡아 주는 인지치료는 주로 언어를 중심으로 발전해 왔다. 그러나 임상에서 미술을 사용하여 인지적 접근을 한다면 그 효과는 극대화될 수 있다. 미술이라는 작업이 실제로 눈에 보이는 결과물을 만들어 낼 뿐만 아니라 인지훈련을 통하여 새로워지는 경험을 체득하는 데 도움을 줄 수 있기 때문이다.

이 책의 집필자인 여러 명의 전문가는 한국표현예술심리상담협회 회원이면서 서울예술심리상담연구소 부설 봄아동청소년심리발달센터에서 임상을 하는 치료자들이다. 집필진들은 먼저 인지행동 미술치료책을 집필하기 위해 인지행동에 대한 이론적 연구를 하였다. 인지행동 미술치료기법에 대한 아이디어를 모으고 다양한 대상에게 인지행동 미술치료를 적용해 보면서 그에 대한 결과들을 참고하여 이 책을 집필할 수 있었다.

부디 이 책이 임상에서 아동, 청소년, 성인, 가족 및 집단에 이르기까지 널리 적용되어 마음이 불편한 사람들에게 빛을 찾아 주는 계기가 되길 바란다.

2020년 3월
집필진 대표 안명현

차례

제1장

인지행동 미술치료

l. 미술치료

미술치료는 미술과 심리치료의 개념이 합쳐진 것으로서 미술치료자가 내담자와 함께 미술작업을 통하여 정서적 갈등과 심리적인 증상을 완화시킴으로써 한 개인이 원만하고 창조적인 삶을 살아갈 수 있도록 도와주는 심리치료법이다(김진숙, 1999). 심리치료란 개인이 가지고 있는 심리적인 불편감이 해소되고 당면한 문제를 해결할 수 있도록 심리이론을 토대로 다양한 기법을 적용하여 증상을 완화하는 것이다. 심리치료과정은 오랜 기간 부정적으로 굳어진 성격을 긍정적으로 원만하게 해 주며, 그렇게 함으로써 생활에서 좋은 변화가 나타나도록 돕기 위하여 계획된 절차이다.

미술은 창작과정을 거쳐서 나온 예술이라고 할 수 있다. 이러한 미술창작과정은 자신의 내면에 가지고 있는 심리적 요소들을 표현할 수 있는 수단이 된다. 미술이라는 창작과정은 예술작품으로 승화된 것일 수도 있고 창작자의 내면이 표현될 수 있는 무의식의 언어인 것이다. 미술은 미술 요소와 심리치료이론이 기반이 되어 치료자가 함께할 때 미술치료가 될 수 있다. 그러므로 주리애(2000)는 미술치료란 개인이 미술적인 창작활동을 통하여 표현하고 치료자는 그 치료목표에 따라 미술과정에 개입하고 조정하며 미술을 매개로 개인과 대면하고 함께 문제를 해결해 나가는 것이라고 했다.

Malchiodi(1998)는 미술치료를 크게 두 가지 견해로 설명할 수 있다고 했다. 첫째, 미술활동의 창작과정에 내재되어 있는 치유력을 강조하는 것으로, 미술을 갈등하고 있는 감정과 충동이 미학적으로 만족할 만한 형태로 통합되고 창작과정을 통하여 자아가 통합하는 것을 도와주는 방법인 승화로 가는 것으로 보는 입장이다. 즉, 미술활동과정이 치료적이라는 것이다. 미술창작과정은 '치료로서의 미술(as therapy)'이며, 이는 미술활동을 통해 상상력을 동원하여 진실하고 자발적으로 자기 자신을 표현하는 기회를 갖고, 개인적인 변화와 감정적 보상, 성취감을 갖게 해 주는 경험이 되는 것을 말한다. 즉, 창조적인 작업과정인 미술작업 자체가 치료적이라는 것이다. 이것은 Kramer(1958)가 주장하는 미술치료 견해이다.

둘째, 미술을 상징적인 의사소통 도구로 보는 입장이다. 미술을 꿈처럼 무의식으로부터 나오는 '상징적인 언어'의 형태로 보았으며, 항상 미술이 특유의 해석을 존중하면서 무의식적인 방법으로 불러내게 되고 자유로운 연상을 통하여 이해되는 것으로 보았다. 즉, Naumburg(1953)가 주장하는 '미술을 통한 심리치료(in therapy)'인 것이다. 미술은 미술적 표현과 더불어 그것을 말로 나타내고 통찰하는 것을 요구하는 진단과 치료의 수단이 '무의식을 상징하는 내용'으로 가는 '왕도'라고 본 것이다. 미술은 치료적 도움과 지지를 바탕으로 새로운 이해와 직관을 촉진할 수 있으며, 이는 문제와 갈등을 해결하고 긍정적인 변화와 성장, 치료로 이끌어 새로운 개념을 형성하도록 도울 수 있는 치료라는 입장이다.

최근에는 우리나라에서 앞의 두 가지 견해를 수용하는 입장으로서 Ulman의 입장을 따르고 있다. Ulman(1975)은 미술은 '내부와 외부 세계가 만나는 장소'이며, 미술치료의 핵심은 '미술'과 '치료' 두 부분 모두에 충실해야 하는 것이라고 했다. 즉, '치료로서의 미술'과 '미술을 통한 심리치료'가 모두 포함된 미술치료를 지향해야 한다는 입장이다.

미술치료가 갖는 주요 특성을 살펴보면, 첫째, 미술은 하나의 상, 즉 심상을 표현한다. 둘째, 미술은 비언어적 수단으로서 통제를 적게 받는다. 셋째, 미술작업을 통해서 즉시 구체적인 유형의 자료를 얻을 수 있기 때문에 자기를 객관화할 수 있다. 넷째, 미술작품은 변하지 않고 사라지지 않는 것이기 때문에 작품을 만든 대상자가 나중에까지 그 당시의 감정을 재경험할 수 있으며, 자신의 발전과정을 깨달을 수 있다. 다섯째, 미술은 공간성을 지닌다. 여섯째, 미술은 창조성과 신체적 에너지를 유발한다. 미술 자체의 창조적인 활동은 카타르시스나 승화과정을 통해 대상자에게 도움을 줄 수 있고, 미술작업을 통해 즐거운 감정과 환희를 경험할 수 있다(Wadeson, 1980). 또한 미술치료에서의 작품의 완성은 자존감 및 개인의 성장을 촉진할 뿐만 아니라 미술적 표현이 수치심이나 열등감의 근원을 없애는 좋은 매개체가 된다. 이와 같은 특성이 다른 여러 예술치료 중에서도 미술치료가 심리치료기법으로서 급속하게 많이 보급될 수 있었던 이유이기도 하다.

그동안 우리나라에서 시행되었던 미술치료는 정신분석이론을 기반으로 하거나 인본주의 미술치료가 주를 이루고 있었다. 정신분석과 인본주의 이론은 오랜 임상과정을 거쳐서 많은 효과를 보고 있지만 실험에 근거를 둔 행동주의 이론을 바탕으로 하는 인지행동치료가 최근 많이 연구되고 있는 추세이므로 인지행동치료를 기반으로 한 인지행동 미술치료에 대해서 살펴보고자 한다.

2. 인지행동치료

인지행동치료는 최근 여러 가지 분야에서 다양한 대상에게 적용되어 활발하게 연구, 발전되어 오고 있다.

인지행동치료는 행동주의 이론과 인지이론을 통합하여 적용하는 방법으로 인간의 사고 또는 인지가 인간의 정서와 행동을 좌우한다는 전제에서 출발한다. Mahoney와 Arnkoff(1978)는 CBT의 주된 세 가지 형식, 즉 인지재구조화 치료, 대처기술치료, 문제해결치료를 밝혔다.

인지행동치료의 발달은 다양한 인지행동치료기법의 형성과정이므로 이를 살펴보는 것이 중요하다. 인지행동심리학은 1898년 Pavlov의 고전적 조건형성이 시초이며 현재까지 이르고 있는데, 이를 그림으로 제시해 보면 [그림 1-1]과 같다.

가장 처음 시도된 주장은 Pavlov의 고전적 조건형성이다. 이 이론에서는 고기와 침 사이에는 무조건적인 관계성이 존재하는 반면, 종소리와 침 사이에는 조건화가 형성된다고 주장한다. 대개 눈 깜빡임이나 소화액의 분비 같은 '불수의적' 반사적 행동에 영향을 미친다. 즉, 무의식적인 학습에 영향을 미친다는 것이다. 이는 오늘날 자기도 모르게 형성된 습관이라고 볼 수 있다. 이렇게 형성된 습관을 고치기 위해서는 반복적인 연습과 훈련을 통해서 좋은 습관으로 재형성되어야 하는데, 이 과정은 오랜 시간이 걸리는 인내가 요구되는 과정이다.

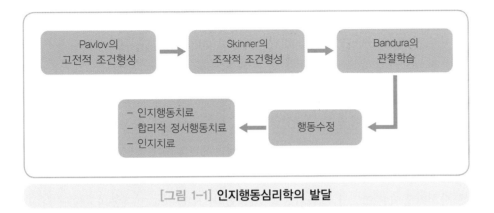

[그림 1-1] 인지행동심리학의 발달

Pavlov 다음의 행동주의 이론은 1948년 Skinner의 조작적 조건형성이론이다. 이 이론은 유기체가 환경을 능동적으로 다루며 통제하는 임의의 의도적 행동인 조작적 행동(operant behavior)에 초점을 둔다. 환경을 능동적으로 다루며 행위를 가하는 것을 조작(operation)이라고 한다. 조작적 학습은 윙크하거나 음식 구매 같은 수의적(자기 뜻대로 하는 것), 즉 의식적 행동에 영향을 미친다. 그러므로 불필요한 의식적 행동을 바꾸기 위해서 강화 또는 처벌을 통해 반응비율을 높이거나 낮추는 과정이다. 주로 교육현장에서 조작적 학습적인 교육에 많이 사용한다. 또한 교육장면뿐 아니라 심리치료에서도 행동수정으로 발달되어 사용되고 있다.

조작적 조건형성 개념을 살펴보면, 첫째, 강화가 있다. 강화란 어떤 원하는 행동이 나타난 다음에 자극을 제시해 줌으로써 미래에 그 반응이 나타날 확률을 높여 주는 것을 말한다. 강화는 정적 강화와 부적 강화가 있는데, 정적 강화란 어떤 반응의 빈도를 높여 주기 위해서 제시되거나 주어지는 자극을 말한다. 예를 들어, "시험에서 100점을 맞으면 네가 원하던 신발을 사 줄게."라고 하는 것이다. 부적 강화란 불쾌하거나 고통스러운 자극을 제거함으로써 바람직한 반응의 확률을 높이는 것을 말한다. 예를 들어, "시험에서 100점을 맞으면 네가 벌받기로 한 것을 면제해 줄게."라고 하는 것이다.

둘째, 처벌이라는 개념이 있다. 처벌은 정적 처벌과 부적 처벌이 있는데, 정적 처벌은 어떤 행동이 나타난 다음에 불쾌하거나 고통스러운 자극을 제시하거나 부여해 줌으로써 그 반응의 빈도를 낮추는 것을 말한다. 예를 들어, "수업시간에 소란스럽게 하면 교실 뒤에 세워 놓겠어요."라고 하는 것이다. 이와 다르게 부적 처벌은 행동에 뒤따르는 긍정자극을 제거함으로써 반응의 빈도가 감소하는 것을 말한다. 예를 들어, "수업시간에 소란스럽게 하면 너희들이 좋아하는 야외활동을 안 할 거예요."라고 하는 것이다.

Skinner의 조작적 조건형성이론 이후 1961년 Bandura는 보보인형실험을 통해 사회학습이론으로서 관찰학습을 제안했다. Bandura는 기존의 행동주의 학습이론의 한계를 지적하기 위해 겉으로 표출된 행동 자체만이 학습되었음을 의미하는 것은 아니라고 주장했다. 관찰학습은 인지발달의 사회적 · 정서적 · 동기적 측면을 고려하며, 관찰학습과 상징적 표상을 통해 인간의 사고가 사회와 어떻게 연관되는가를 구체적으로 보여 주는 것을 제안했다. 이는 초기학습이론에 비해 환경과 행동 간의 관계를 설명할 때 인간의 인지체계를 연계하여 설명함으로써 인간의 능동적 역할을 강조했으며, 외적 강화나 처벌 없이 관찰을 통해서 새로운 행동을 학습할 수 있다고 주장했다.

관찰학습 후 인지행동치료는 다양한 경로로 발전하는데, 그중 1977년 Meichenbaum의 인지적 행동수정(Cognitive Behavior Modification: CBM)은 자신의 부적응적 사고를 바꿈으로써 부적응 행동을 수정하는 것이 가능하다고 믿는 입장이다. 인지적 행동수정 치료자는 관찰할 수 있는 행동을 일차적으로 강조하고 변화의 도구로서 언어에 의존한다. 이 입장의 치료자들은 우리의 사고과정의 변화가 자신의 행동 변화의 통합된 부분임을 믿는다. 우리의 생각, 해석, 가정, 반응전략을 바꿈으로써 가시적인 행동도 변화된다는 것이다.

1980년대 Beck과 Ellis의 이론은 인지가 정서 및 행동을 중재할 것이라는 전제에서 출발한다. 인지변화를 일으키면 행동이 변화될 거라는 전제하에 비합리적 신념을 찾아내어 합리적 신념으로 바꾸고, 역기능적인 자동적 사고를 기능적으로 바꾸는 인지행동이론기법으로 발전되었다. 인지행동이론기법에는 다양한 기법이 사용되고 있는데, 그중 체계적 둔감화, 홍수법, 토큰 경제법, 혐오치료,

타임아웃, 자기표현훈련, 문제해결훈련 등이 있다.

많은 수정과 변형을 겪은 현재, 인지치료는 Beck의 모델이 우선적으로 사용되고 있다. 인지치료는 문제 증상에서 모든 심리적인 증상은 자신이 잘못된 사고를 가질 때 인지, 정서, 행동에 영향을 미친다는 기본 개념을 가진다. 그래서 먼저 인지적·정서적·행동적 탐색을 통해 내담자의 왜곡된 사고에 대해 알아낸다. 이를 인지공식화(cognitive formulation)라 하고, 이것을 토대로 내담자를 이해하고 개념화하는 데 적용한다. 그리고 인지 변화, 즉 내담자의 사고나 믿음 체계의 변화를 일으킬 수 있는 다양한 방법을 사용하며, 이를 통해 지속적인 감정 및 행동의 변화가 생기도록 한다. Beck의 인지치료의 과정에는 다음과 같은 원칙이 있다(Beck, 2017).

원칙 1 인지치료는 인지 용어로 내담자의 문제를 공식화(formulation)하며, 이를 기초로 이루어진다. 공식화는 한 번 하는 것이 아니라 계속한다. 특정 시점에 이르러서는 확인을 하게 된다. 공식화에 따라 치료계획을 세운다.

원칙 2 인지치료는 건강한 치료동맹(therapeutic alliance)을 필요로 한다. 상담 상황에서 치료자가 갖추어야 할 모든 기본적인 요소(따뜻하고, 공감적이며, 돌보아 주고, 진정으로 염려해 주며, 능력이 있는)가 인지치료에서도 동일하게 요구된다.

원칙 3 인지치료는 상호협의(collaboration)와 내담자의 적극적인 참여를 강조한다.

원칙 4 인지치료는 목표 지향적이고 문제중심적인 치료이다.

원칙 5 인지치료는 지금-여기에서의 상황을 강조한다.

원칙 6 인지치료는 교육적이고, 내담자 자신이 스스로의 치료자가 될 수 있도록 교육하는 것을 목표로 하며, 재발 방지를 강조한다.

원칙 7   인지치료는 단기적이고 한시적(time-limited)인 치료를 목표로 한다.

원칙 8   인지치료는 구조화된 치료이다.

원칙 9   인지치료는 내담자들이 자신의 역기능적 사고와 믿음을 식별하고 평가하며
          반응하도록 가르친다.

원칙 10   인지치료는 사고, 기분, 행동을 변화시키기 위하여 다양한 기법을 사용한다.
          인지치료과정은 다른 심리치료와는 다르게 교육이 들어간다. 첫 면담과
          관찰을 통해 인지개념화 도식이 형성되어 인지행동심리치료에 들어가면
          먼저 치료자와 내담자에 대한 라포 형성을 염두에 두면서 내담자 증상에
          대한 간단한 요약과 인지치료에 대한 간단한 설명으로 인지 모델을
          설명한다. 내담자에게 "우울하거나 불안하거나 공격적인 심리적 불안정함은
          일어난 사건에 대한 반응으로서 인지, 생각, 감정의 틀이 서로 패키지로
          움직이기 때문이다."라고 설명하는 것이 인지치료 설명이다. 그 후
          소크라테스 질문법으로 내담자가 갖고 있는 잘못된 생각을 바꾸는 과정이
          필요하므로 질문을 던지는 것이 중요하다. 그러므로 왜곡된 생각, 신념을
          찾아내고 평가하는 방법을 가르쳐 준다. 구조화된 회기를 반복적으로
          실시함으로써 문제행동에 대한 대안을 잘 찾고 융통성과 유연성을 촉진해
          주는 것이 치료과정이다.

3. 인지행동 미술치료

인지행동 미술치료는 인지행동이론을 근거로 미술활동을 통해 인지적·정서
적·행동적 변화를 일으키도록 돕는 심리치료기법이다. 미술작업을 하고 있을
때 인간은 전체적인 인지적 과정을 활용한다. 인지행동 미술치료의 핵심은 미
술작업에서 본질적으로 인지적인 측면을 다루는 것이다(Rubin, 2012). 내담자는
미술작업을 하는 과정에서 개인의 인지적 핵심이 될 수 있는 생각들을 표현할

수 있는 기회를 가지게 되며(Carnes, 1979), 사고와 감정 사이가 연결되는 경험을 하게 된다. 이때 치료장면에서 정서적인 경험이 표현될 뿐 아니라 한 사람의 인지과정체계를 이해하게 되면서 왜곡된 인지를 발견하고, 적응적인 인지통합이 되어 수용적인 사람이 될 수 있다(Rhyne, 1979).

미술치료는 특히 CBT(Cognitive Behavior Therapy)에 잘 맞는데, 이는 미술작업이 본질적으로 인지적 과정이기 때문이다. 그림을 한 장 그렸을 때, 그 그림에는 그림을 그린 사람의 심상과 메시지가 드러나고 기억을 불러오며 스스로 결정을 하고 해결책을 만드는 등의 작업과정이 들어 있다. 그림을 그리든 조각을 하든 작품을 창조하는 것은 내담자의 인지구조를 시각적으로 인시할 수 있게 하며, 정서적인 만족감을 제공한다. 즉, 미술작품을 창조하는 것은 그 작품을 보면서 과거 사건을 기억하는 데 사용될 수 있고, 긍정적인 정서적 경험을 떠올리는 데 사용될 수도 있으며, 왜곡된 생각이 수정될 수 있도록 돕는 방법인 것이다.

인지행동 미술치료는 어떠한 연령의 내담자든지 통제권이 자신에게 있다는 것을 느끼도록 돕는다. 즉, 내담자들이 스스로 자신의 문제를 해결하도록 하기 위해 자신의 인지적 왜곡과 비적응적인 가정을 발견하여 수정하도록 돕는 것이다(Beck, 1976). 그러므로 미술치료를 받는 내담자는 미술 재료를 선택하고 그림을 어떻게 그릴지, 그려진 작품에 대해 어떤 부분을 어떻게 이야기할지를 선택하면서 통제감을 더 빨리 발달시킬 수 있다. 인지행동 미술치료는 통제감을 획득하도록 돕기 위해 다음과 같은 부가적 기법을 사용한다(Rubin, 2012).

첫째, 발견하기, 촉진하기, 강화하기, 심상을 바꾸기
미술활동작업에서는 내면의 심상이 표현된다. 이 심상은 내담자가 가지고 있는 인지구조(schema: 스키마)이다. 내담자들은 표현된 작품을 바라보면서 작품 속에 드러난 왜곡된 점은 수정하고, 부족한 부분은 발견할 수 있다. 이러한 작업은 탈자기중심화(decentering)를 촉진시킨다. 내담자가 자신이 현재 겪고 있는 즉시적인 경험에서 한발 물러서서 경험을 되돌아봄으로써 자신의 반응을 변화시키는 과정이 될 수 있는 것이다. 치료자는 그것을 발견하도록 도울 수 있다.

또한 치료자는 내담자가 강화와 보상을 적절히 사용할 수 있도록 촉진시키는 인지작업을 하면서 내면에 가지고 있는 심상, 즉 스키마를 바꾸어 줄 수 있다.

둘째, 그림 및 작품을 비교하고 대조하기

미술활동을 통한 작품은 그림이라는 창작품으로 표현되는데, 이 작품을 통해 곧 인지적 체계가 그대로 드러난다. 이 작품들을 바라보면서 현재의 상황과 과거의 상황들을 비교하며 내담자들의 자동적 사고가 파국적 사고나 흑백논리에 갇혀 있지는 않은지 탐색해 볼 수 있다. 그리고 내담자가 현재 자신에게 유용하지 않고 타당하지 않은 자동적 사고를 믿는 수준과 감정을 일반인들이 보편적으로 느끼는 감정과 대조하면서 왜곡되거나 과장된 부분을 발견할 수 있다. 이러한 방식은 스트레스를 느끼게 하는 상황이나 사건에 대한 방식을 스스로 수정하도록 도와줄 수 있다.

셋째, 조심스럽게 문제가 되는 특정 상황과 사건을 선택하고 그리기

내담자들의 왜곡된 인지구조는 부정적 영향을 미치는 특별한 상황에서 형성되는 경우가 대부분이다. 어떠한 사건(activating)이 생길 때 비합리적 생각(belief system)이 작동되고, 그 부적절한 결과(consequence)로 인해 왜곡된 인지구조가 형성된다. 왜곡된 인지구조를 바로잡기 위해서는 문제가 되는 특정 상황과 사건으로 돌아가서 탐색해 보는 것이 도움이 된다. 문제가 되는 특정 상황과 사건을 당한 때에는 감정적으로 각성된 상태에 있기 때문에 상황을 제대로 인지하는 것이 어렵다. 특정 상황과 사건을 선택하여 그리는 것은 불안해하고 두려워하는 상황에 직면시키는 것이며, 그러한 경험을 통해 역기능적인 도식의 비합리성을 확인하도록 도울 수 있다. 그러므로 심리치료과정을 통해 시간이 지난 후라도 그 상황으로 다시 돌아가도록 그림을 그리는 것은 두려운 상황을 대면하고 왜곡된 감정과 인지를 변화시키는 데 도움이 된다.

넷째, 느낌과 마음상태를 시각적인 은유로 창조하기

미술활동으로 창작을 하는 것은 마음의 구조를 시각적 은유로 창조하는 작업이다. 느낌과 마음상태를 은유로 창조하기만 해도 정신적으로 마음의 환기를 경험할 수 있다. 미술로 그때 당시의 상황을 여러 번 그려 내거나 그 상황에 대한 감정을 판화나 마블링 작업으로 표현하면서 여러 번 반복적인 활동을 해 보는 것은 체계적 둔감화기법으로 정서적 긴장을 이완시키는 효과를 볼 수 있다. 이완기법과 체계적 둔감화기법을 미술작업에 사용하는 것은 과각성된 감정덩어리(complex)가 풀어지는 효과를 줄 수 있다. 그뿐만 아니라 경직되어 있는 인지적 사고는 감정적 순환이 일어나면서 유연해신다.

다섯째, 작품에 나타난 문제해결방법을 탐색하고 찾아내고 실행해 보기

미술창작과정은 인지적 연속체의 작업이라고 할 수 있다. 점을 찍으면 선이 만들어지고, 선을 그려야만 형상이 만들어지며, 조형(shaping)을 통해서 입체작업을 할 수 있다. 그런 가운데 아이디어가 생기면서 창작예술작품이 만들어지는 것이다. 창작된 작품은 완성되었어도 계속 수정이 가능하다. 내담자들은 창작하는 미술작업과정에서 유연성과 융통성이 촉진되어 반복적으로 수정해 나가고 아이디어를 덧붙일 때 작품의 완성도가 높아질 수 있다. 그런 창작과정 자체가 문제해결방법을 숙련시키는 훈련이 될 수 있다. 그뿐만 아니라 내담자들에게 문제 상황이나 스트레스를 받는 것에 대해 그리게 한다. 그림을 그린 후 치료자와 함께 문제 상황이나 스트레스에 대한 문제해결방법을 브레인스토밍(brainstorming)하며 찾아보고, 그중에 할 수 있는 방법을 선택해서 연습해 보고 실행해 보는 것은 문제해결능력을 향상시키는 데 도움이 된다.

이와 같이 인지행동 미술치료는 다양한 인지적 기법을 예술적인 미술작업을 통해서 시각화하여 표현하는 것이기 때문에 인지파악이 쉽게 될 수 있다. 인지행동 미술치료는 기법이 다양하고 많으나 비교적 간결하고 응용이 간편하게 구조화된 특징이 있다. 그러므로 내담자에게 인지행동 심리치료로 적용할 때 훈련이 된다면 내담자 스스로가 구조화된 인지적 기법들을 습득할 수 있으므로 치료가 끝난 후에도 혼자서 적용이 가능하다. 또한 인지행동 미술치료에서는 언어적으로 표현하는 것에 거부적이고 부정적인 내담자에게 미술작업을 통해서 치료 접근을 유연하게 할 수 있고, 억압된 사고들을 창의적인 작품으로 시각화하여 재해석함으로써 객관적인 조망을 가능하게 할 수 있다.

특히 아동에게 있어 인지행동 미술치료는 언어로 자신의 어려움을 표현하는 것에 서툰 아동들이 시각화된 작업을 통해서 자신의 인지구조를 발견하고 적응적인 행동들을 훈련하는 데 도움을 줄 수 있다. 이미 아동과 청소년을 위한 인지치료에서 그림을 통한 도식과 시각화 작업이 많이 사용되고 있는 것을 보면 알 수 있다. 치료자와 함께 시각화된 작품과정 속에서 인지적 탐색, 교육, 문제해결 등을 찾아내는 것은 인지치료 자체를 재미있게 전개해 나갈 수 있게 한다. 특히 인지행동 미술치료는 아동과 청소년에게 부적절한 인지와 행동을 인지행동 미술치료과정을 통해 부조화를 균형 있게 하고, 실수를 수정하며, 혼돈을 질서 있게 하고, 나아가 자연스럽게 질서를 따르는 법칙을 배워 건강하게 성장하도록 도울 수 있다.

인지행동 미술치료는 빠르고 효과적으로 문제를 해결할 수 있는데, 특히 단기치료에 효과적이라는 적용 사례가 〈표 1-1〉과 〈표 1-2〉에 제시되어 있다. 그러므로 개별미술치료 또는 집단미술치료에서 인지행동으로 구조화된 미술치료기법을 사용한다면 유용하게 사용될 수 있을 것이다.

〈표 1-1〉 아동 및 청소년 대상 인지행동적 미술치료 적용 사례

인지행동적 기법	인지행동적 목표	미술치료 적용	저자 및 출판연도
인지지도	• 잘못된 사고 유형의 감소	• 상황과 사건 그리기	• Packard(1977)
문제해결	• 해결책 생성의 증가 및 행동선택 증가	• 문제에 대한 해결책 그리기	• Packard(1977) • Rosal(1985, 1992, 1993, 1996)
모델링	• 새로운 행동의 학습	• 현실 조성	• Roth(1987)

이완기법	• 스트레스 및 행동화 감소: 심상 증가	• 이완을 증대시키기 위해 위안을 주는 매체를 사용하기	• Rosal(1985, 1992, 1993, 1996)
체계적 둔감화	• 스트레스 및 공포 감소	• 두려워하던 대상/상황에 천천히 노출되도록 이미지를 사용하기	• DeFrancisco(1983) • Gerber(1994)
내파법 (implosive therapy), 스트레스 면역법	• 스트레스 대처능력 증가	• 홍수법 및 정서적 반응을 유도하기 위해 이미지를 사용하기	• DeFrancisco(1983) • Rosal(1985, 1992)
개인구성체	• 아동의 삶에서 인지적 측면을 평가 및 치료	• 아동의 삶에서 구성체를 그리고 비교하거나 대조하기	• Rosal(1985, 1992, 1993, 1996)
정신 메시지	• 부정적인 내적 대화 감소 및 자기통제력 강화	• 메시지를 적거나 이미지를 그리고 변화시키기	• DeFrancisco(1983) • Rosal(1985, 1992, 1993, 1996)
심상	• 내적 세계와 외적 행동의 연결, 시연	• 이완법과 심상을 유도하기: 이미지를 그리고 변화시키기	• Rosal(1985, 1992, 1993, 1996)
내면과정을 외현화	• 공격하도록 하는 정신과정을 드러내기: 부적응적 사고 패턴을 재구조화하기	• 공격 주기를 그리기: 이전, 과정, 이후를 그림 • 자신의 내면과 외부를 그리기: 마스크 만들기	• Gerber(1994) • Gentry & Rosal (1998) • Roth(1987) • Stanley & Miller (1993)
감정상태 평가	• 부정적 감정에 대한 통제력 강화: 공감능력 증가	• 가장 덜 복잡한 것부터 가장 복잡한 것까지 감정상태 그리기: 감정 그림들을 분류하기	• Gerber(1994)
강화 촉진	• 긍정적 · 친사회적 행동의 증가	• 현실 조성: 구조화된 그림	• Roth(1987) • Mellberg(1998)

출처: Rubin (2012).

〈표 1-2〉 성인 대상 인지행동적 미술치료 적용 사례

인지행동적 기법	인지행동적 목표	미술치료 적용	저자 및 출판연도
감각경험에 대해 인도된 이미지 사용하기	• 내면의 통제력을 증진 시키기	• 크레용 그림, 이미지의 콜라주	• Bowen & Rosal (1989)
실제 상황에의 노출 (In vivo exposure), 인지왜곡 발견하기	• 촉발 요인이 무엇인지 규명하고 이름 붙이기	• 마을 및 축제와 같은 사회적 환경을 창조하기	• Rosal, Ackerman-Haswell, & Johnson (1994)
자기통제력 강화	• 내면의 통제력을 증진 시키기	• 내면 감정을 외현화하기 위해 미술을 사용하기	• Gentile(1997)
실제 상황에의 노출 (In vivo exposure), 체계적 둔감화	• 감정을 다루는 불안감 줄이기	• 가장 덜 불안한 것부터 가장 불안을 일으키는 것까지 감정상태 그리기	• Matto(1997)
체계적 둔감화, 홍수법	• 회피 줄이기	• 의미 있는 사진을 장식품으로 다시 창조하기	• Reynolds(1999)

출처: Rubin (2012).

제2장

정보습득을 위한
인지행동 미술치료

1. 웅덩이

1) 준비물

A4 용지 또는 8절 도화지, 연필, 지우개, 그리기 도구

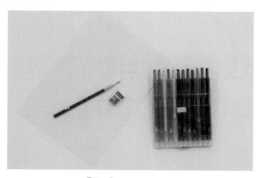

준비물 예시

2) 적용 대상 및 유형

아동, 청소년 / 개인, 집단

3) 적용 시기

초기

4) 목표

● 내담자의 비합리적인 사고에 대해 정보를 습득한다.
● 내담자는 스스로 여러 가지 감정을 경험할 수 있다는 것을 지각한다.

5) 작업과정

① 웅덩이에 대해 생각하도록 안내한다.
② 어떤 사람을 자주 웅덩이에 빠지게 하는 장소, 사건, 사람, 일을 종이에 그
    리도록 한다.

③ 웅덩이에 있었을 때의 감정과 사고에 대해 질문한다.

　– "웅덩이에 빠진 사람의 기분은 어땠을까요?"

　– "그때 무슨 생각이 들었을까요?"

④ 만약 웅덩이에 빠진 사람을 구해 줄 사람이 있다면, 그 사람은 누구이고 내
　담자와 어떤 관계인지 질문한다.

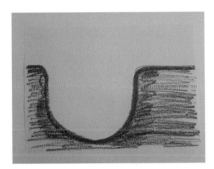

작업과정 및 결과물 예시

6) 적용 및 수정

● 내담자와 그 외에 여러 가지 불편한 상황을 예상하며 기존의 비합리적 사
　고에 대해 점검할 수 있다.

● 내담자가 상황에 대응하기 전에 자신의 관점을 자각하도록 노력하고 다른
　사람의 관점에서도 생각해 보도록 격려한다.

2. 몬스터 미술관

1) 준비물

'몬스터 그림'이라고 쓰인 활동지, 필기구, 그리기 도구, 반짝이 등의 꾸미기 재료

준비물 예시

2) 적용 대상 및 유형

아동, 청소년 / 개인, 집단

3) 적용 시기

초기

4) 목표

● 내담자의 투사된 소원 충족에 대한 정보를 습득한다.

● 내담자의 문제해결과 관련된 투사정보를 습득한다.

5) 작업과정

① '몬스터 그림'이라고 쓰여 있는 활동지를 주고 몬스터에 대해 질문하면서 주의를 집중시킨다.

② 몬스터 그림은 힘을 상징하며 몬스터 미술관에 그림을 전시하면 그림처럼 원하는 것이 이루어진다고 설명한다.

③ 자신이 화가가 되어 이루고 싶은 소망을 몬스터 그림 활동지에 표현하도록 안내한다.

④ 몬스터 그림의 소원에 대해 함께 이야기를 나눈다.

⑤ 함께 나눈 소원을 강화할 수 있는 주문을 만들도록 한다(도깨비 방망이, 아브라카다브라 등).

⑥ 완성된 몬스터 그림을 전시한 후 내담자에게 소원을 생각하며 주문을 크게 소리 내어 말하도록 한다.

작업과정 및 결과물 예시

6) 적용 및 수정

● 소원에 대해 이야기하며 소원을 이룰 수 있는 방법을 목록에 작성할 수 있다.

● 소원을 이루기 위한 방법을 시도했을 때의 결과에 대해 예상해 본다.

● 수행과 목표 달성이 가능한 범위 내에서 소원시도방법을 작성할 수 있도록 격려한다.

3. 생각나무

1) 준비물

A4 용지 또는 8절 도화지, 연필, 지우개, 색연필

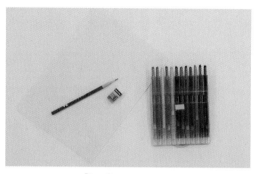

준비물 예시

2) 적용 대상 및 유형

아동, 청소년 / 개인, 집단

3) 적용 시기

초기, 중기

4) 목표

● 내담자의 자기인식을 통해 사건의 상황과 감정, 사고의 정보를 습득한다.
● 문제해결과 관련된 투사정보를 습득한다.
● 내면화된 안전하고 은유적인 표현을 사용하여 저항을 줄이고 안전감을 높인다.

5) 작업과정

① 뿌리, 줄기, 나뭇잎이 있는 나무를 그리도록 한다. 내담자가 나무 그리기를

어려워할 경우에는 미리 활동지를 준비해도 좋다.

② 뿌리는 상황, 줄기는 사고, 나뭇잎은 감정이라고 이해시킨다.

③ 뿌리, 줄기, 나뭇잎에 대한 의미를 숙지하며 나무를 그리도록 안내한다.

④ 표현한 나무의 각 부분에 대해 함께 이야기를 나눈다.

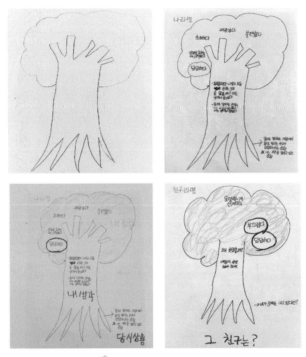

작업과정 및 결과물 예시

6) 적용 및 수정

● 나무의 각 부분에 해당되는 자신의 감정, 선행사건과 주변 상황에 대한 자신의 사고, 자신의 감각 인식 등 구체적인 요인에 대해 충분한 설명을 제공한다.

● 선행사건에 대해 느끼는 감정을 수용하여 잘 다루어 준다.

● 선행사건과 관련된 감각적 경험을 다시 떠올리게 하는 모든 치료는 미리 정한 치료시간을 정확히 지켜야 한다.

4. 비밀수첩

1) 준비물

A4 용지(비밀수첩), 필기구, 사인펜, 상황카드

준비물 예시

2) 적용 대상 및 유형

아동, 청소년 / 개인

3) 적용 시기

초기

4) 목표

● 문제행동 패턴에 대한 정보를 습득한다.
● 부정적인 행동소거 전 그 행동에 대한 부정적 인식 유무를 파악한다.

5) 작업과정

① 상황카드를 보여 주며 어떠한 상황인지 내담자에게 이야기하도록 한다.
② 상황카드에서 나타날 수 있는 부정적 또는 긍정적 행동에 대해 생각해 보
도록 한다.

③ 종이를 주며 자신만의 비밀을 적을 수 있는 수첩을 만들도록 안내한다. 상
  황에 따라 미리 만들어 놓은 수첩을 제시하여 활용해도 좋다.

④ 내담자가 평소 경험한 여러 가지 상황에서 자신이 의식한 문제행동이나 고
  치고 싶은 행동을 비밀수첩에 기록하도록 한다.

⑤ 비밀수첩에 적은 내용과 행동수정의 이유에 대해 함께 이야기를 나눈다.

작업과정 및 결과물 예시

6) 적용 및 수정

● 내담자가 긍정적인 행동과 부정적인 행동을 정확하게 구별하는지 파악
  한다.

● 내담자가 보고한 선행사건과 주변 상황에 대한 내담자의 사고와 감각 인식
  등을 파악한다.

5. 진저브레드맨의 패션쇼

1) 준비물

활동지, A4 용지 또는 8절 도화지, 필기구, 그리기 도구, 풀, 가위

준비물 예시

2) 적용 대상 및 유형

아동, 청소년 / 개인, 집단

3) 적용 시기

초기

4) 목표

● 상황에 따른 감정, 사고의 정보를 습득한다.

● 스스로 자신의 감정을 재미있게 인지할 수 있도록 돕는다.

● 고립된 감정을 은유된 신체이미지를 활용해 표현하도록 한다.

5) 작업과정

① 종이에 얼굴(눈, 코, 미소)이 있는 진저브레드맨(사람 모양의 생강과자)을 그리게 한다. 내담자가 진저브레드맨 그리기를 어려워할 경우를 대비하여

활동지를 미리 준비해도 좋다.

② 여러 가지 감정에 대해 생각해 보도록 한다.

③ 준비한 빈 카드를 주며 자신이 생각한 감정을 카드에 적어 감정카드(화남, 슬픔, 즐거움, 걱정스러움, 사랑스러움 등)를 만들도록 한다.

④ 감정에 어울리는 색을 정하고 감정카드에 색을 칠해 표시하도록 한다.

⑤ 내담자에게 감정카드에 있는 감정을 경험한 진저브레드맨의 신체 부위에 대해 생각하도록 하며 함께 이야기를 나눈다.

⑥ 자신이 만든 감정카드의 색을 참고하여 진저브레드맨의 신체에 채색을 하여 옷을 입혀 주도록 안내한다.

⑦ 진저브레드맨이 패션쇼를 하면서 그동안 하고 싶었던 말을 하도록 한다.

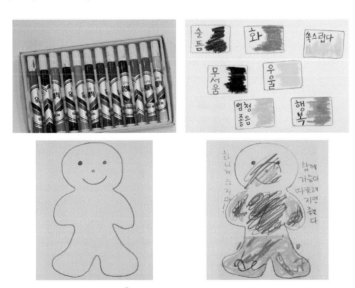

작업과정 및 결과물 예시

6) 적용 및 수정

● 부끄러움, 당황스러움과 같은 근원적인 감정들을 자연스럽게 표현할 수 있도록 수용하며, 표현활동에 참여하도록 격려한다.

● 내담자가 만든 감정카드를 풀로 고정하여 나만의 감정카드로 응용할 수 있다.

6. 롤러코스터

1) 준비물

A4 용지 또는 8절 도화지, 필기구, 크레파스, 사인펜

준비물 예시

2) 적용 대상 및 유형

아동, 청소년 / 개인, 집단

3) 적용 시기

초기

4) 목표

● 의미 있는 인생 시기와 사건에 대한 정보를 습득한다.
● 인식하는 상황에 대한 사고와 감정의 정보를 습득한다.

5) 작업과정

① 인생과 롤러코스터의 공통점에 대해 생각해 보고 함께 이야기를 나눈다.
② 8절 도화지와 필기구를 주며 자신의 인생곡선을 롤러코스터의 레일로 표현하도록 안내한다.

③ 인상적인 롤러코스터 구간에 대해 생각해 보도록 한다.

④ 내담자가 인상적으로 기억한 시기와 그때의 상황에 대해 그리기 도구를 이용하여 구체적으로 표현하도록 한다.

⑤ 그때의 사건과 감정 그리고 행동에 대해 기록하며 함께 이야기를 나눈다.

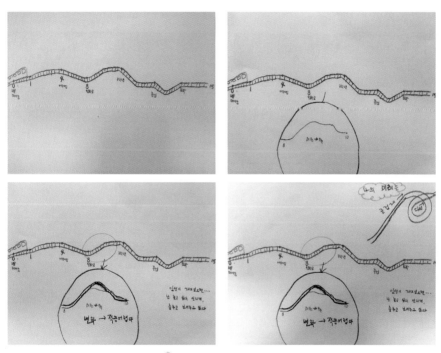

작업과정 및 결과물 예시

6) 적용 및 수정

● 기억하기 어렵거나 말하기 힘든 시기와 사건에 대해서는 신중하게 접근할 필요가 있다.

● 편안하고 이완된 분위기 속에서 자연스럽게 표현할 수 있도록 공감적 태도를 지녀야 한다.

7. 나의 왕국

1) 준비물

8절 도화지, 매직펜, 폼폼이와 반짝이 등의 꾸미기 재료, 가위, 풀, 양면테이프

준비물 예시

2) 적용 대상 및 유형

아동, 청소년 / 개인, 집단

3) 적용 시기

초기

4) 목표

● 현재 상황과 의미 있는 사고에 대한 정보를 습득한다.

● 필요욕구와 감정에 대한 정보를 습득한다.

● 자신의 가치관을 재미있게 인지할 수 있다.

5) 작업과정

① 동화 속 왕국에 대해 함께 이야기를 나눈다.

② 자신의 왕관을 만들어 한 나라의 왕이 될 것을 제안한다.

③ 준비한 여러 가지 꾸미기 재료로 자신의 왕관을 만든다.

④ 내담자에게 완성한 왕관을 쓰도록 하고, 한 나라의 규칙과 법을 만들도록 한다.

⑤ 내담자가 만든 규칙의 이유와 내용에 대해 함께 이야기를 나눈다.

⑥ 내담자가 만든 규칙과 법 중에서 실제로 현실에서 이뤄진다면 가장 빨리 적용되기를 바라는 규칙을 선택하도록 한다.

⑦ 자신이 만든 규칙과 법이 잘 이뤄질 수 있는 왕국의 이름을 지은 후 외치도록 한다.

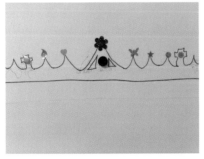

작업과정 및 결과물 예시

6) 적용 및 수정

● 내담자가 만든 규칙과 법에 대해 경청하며 수용하는 자세가 필요하다.

● 내담자가 만든 규칙과 법에 담긴 가치관과 우선순위에 대한 정보를 파악한다.

8. 피로뭉치

1) 준비물

8절 도화지, 점토, 수채화 물감, 흰 접시, 물티슈

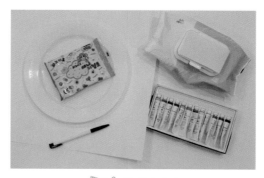

준비물 예시

2) 적용 대상 및 유형

아동, 청소년 / 개인, 집단

3) 적용 시기

초기

4) 목표

● 피로감이 상승하는 상황에 대한 정보를 습득한다.
● 피로에 사로잡힐 때의 감정에 대한 정보를 습득한다.
● 피로감이 내담자의 삶에 어떠한 행동으로 영향을 미치는지에 대한 정보를
  습득한다.

5) 작업과정

① 피로에 대해 설명해 주고 생각해 보도록 한다.

② 피로는 어떤 느낌인지, 어떻게 생겼는지 질문한다.

③ 점토와 물감을 이용하여 색과 모양을 표현하도록 안내한다.

④ 완성된 점토를 종이 위에 올려놓고 피로한 상황에 대해 함께 이야기를 나눈다.

⑤ 피로감이 상승하는 상황과 감정, 행동에 대해 질문한다.

⑥ 완성된 점토의 위치 변화를 시도하면서 피로에 대처하는 여러 가지 태도에 대해 함께 이야기를 나눈다.

작업과정 및 결과물 예시

6) 적용 및 수정

● 점토와 물감을 섞는 작업을 어려워하거나 불편해하는 내담자를 위해 컬러 점토를 준비하여 활동에 참여하도록 대비한다.

● 내담자의 연령수준을 고려하여 피로의 의미를 이해하는 것이 좋다.

9. 마이 하트

1) 준비물

하트가 그려진 활동지, 8절 도화지, 펜, 매직펜, 색연필

🎨 준비물 예시

2) 적용 대상 및 유형

아동, 청소년, 성인 / 개인, 집단

3) 적용 시기

초기

4) 목표

● 인지하는 감정의 크기와 사건에 대한 정보를 습득한다.

● 자신의 감정을 재미있게 인지할 수 있다.

5) 작업과정

① 여러 가지 감정에 대해 생각하도록 한다.

② 종이를 주며 자신이 생각한 감정을 표정으로 표현하도록 안내한 후 함께 이야기를 나눈다.

③ 또 다른 종이를 주어 감정을 잘 나타낼 수 있는 색을 정한 후 종이에 채색 하도록 하고, 그 감정을 경험한 상황을 기록하도록 안내한다.

④ 하트활동지를 주며 내담자의 마음속에 있는 감정의 크기를 생각하면서 자 신의 감정색을 표현하도록 한다.

⑤ 완성된 하트작품을 감상하며 감정과 상황에 대해 함께 이야기를 나눈다.

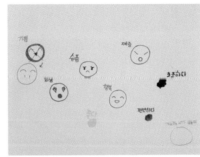
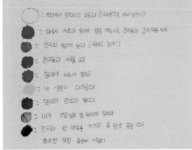

작업과정 및 결과물 예시

6) 적용 및 수정

● 내담자가 표현한 감정의 표정과 색, 크기 등을 살펴보며 상황에 대한 내담 자의 생각을 경청한다.

● 내담자에 따라 때로는 보편적인 감정의 색을 표현하지 않을 수 있음을 유 념해야 한다.

10. 감정구름

1) 준비물

A4 용지, 연필, 지우개, 색연필

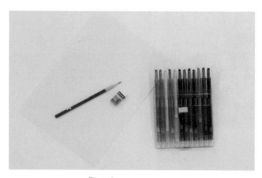

준비물 예시

2) 적용 대상 및 유형

아동, 청소년, 성인 / 개인, 집단

3) 적용 시기

초기

4) 목표

● 상황에 따른 감정, 사고에 대한 정보를 습득한다.

● 자신의 감정을 재미있게 인지할 수 있다.

● 정서적 각성이 고조될 때 내담자 자신이 경험한 많은 상식적 · 인지적 실수
가 나타날 수 있음을 알 수 있다.

5) 작업과정

① 구름에 대해 생각한 후 함께 이야기를 나눈다.

② 자신이 생각하는 감정을 구름으로 상상하도록 안내한다.

③ 종이와 색연필을 이용하여 자신의 감정을 구름으로 표현하도록 안내한다.

④ 자신이 표현한 감정이 느껴졌을 때의 행동에 대해 생각하고 기록하도록
한다.

⑤ 작품에 나타난 부정적 감정과 긍정적 감정의 구름을 살펴보며 감정에 따른
행동에 대해 함께 이야기를 나눈다.

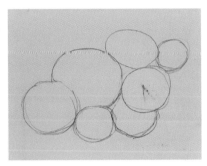 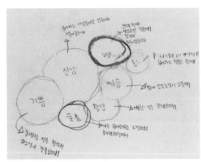

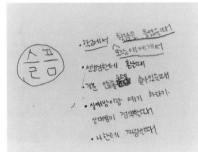 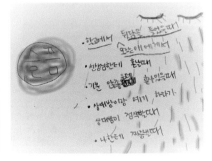

작업과정 및 결과물 예시

6) 적용 및 수정

● 감정구름 표현을 통해 나타난 내담자의 감정과 행동에 대한 인지적 오류
(이분법적 사고, 임의적 추론, 과장 혹은 축소, 지나친 일반화, 개인화)를 주시해
야 한다.

정보습득을 위한 투사적 그림 검사

- 사람 그림 검사(Draw A Person Test: DAP)
- 집-나무-사람 그림 검사(House-Tree-Person Test: HTP)
- 색채화 검사(Chromatic or Color Drawings Test: CDT)
- 빗속의 사람 그림 검사(Draw-a-Person-in-the-Rain-Test: DPRT)
- 동물 그림 검사(Drawings of Animals Test: DAT)
- 가족 그림 검사(Draw A Family Test: DAF)
- 운동성 가족화 검사(Kinetic Family Drawing Test: KFD)
- 운동성 학교 그림 검사(Kinetic School Drawing Test: KSD)
- 자화상 검사(Self-Portrait Drawing Test: SPT)
- 주제통각검사(Thematic Apperception Test: TAT)
- 로르샤흐 검사(Rorschach Inkblot Test: RIT)

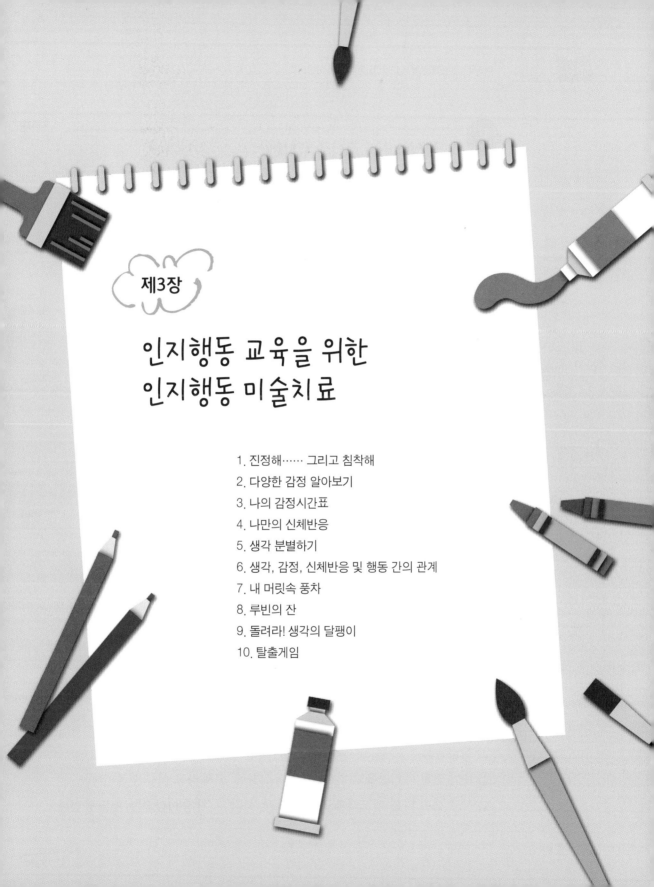

제3장

인지행동 교육을 위한 인지행동 미술치료

1. 진정해…… 그리고 침착해

1) 준비물

여러 가지 색모래, 유리잔, 나무젓가락, 물

✿ 준비물 예시

2) 적용 대상 및 유형

아동, 청소년, 성인 / 개인, 집단, 가족

3) 적용 시기

초기

4) 목표

- 신체는 생각과 감정이 하나로 연결되어 있다는 것을 교육한다.
- 워밍업(이완) 활동을 통해 신체 감각과 신체 변화를 인식하도록 돕는다.

5) 작업과정

① 물이 담긴 유리잔을 준비한다. 이 유리잔에 '신체'라고 이름을 붙인다.

② 서로 색이 다른 색모래를 준비해 각각 '생각'과 '감정'이라고 이름을 붙인다

(예: 빨간색 모래는 감정, 파란색 모래는 사고).

③ 우리의 신체는 생각과 감정으로 구성되어 있다는 것을 알려 준다.

④ 신체(유리잔)에 감정(색모래)과 사고(색모래)를 차례로 넣는다.

⑤ 나무젓가락으로 이것을 휘젓는다.

 – 나무젓가락으로 휘젓는 것을 스트레스를 받은 상황이라 하고, 치료자는
   내담자에게 다음과 같이 이야기한다.

 – "평소에 우리가 안정적일 때와 달리 스트레스 상황이 되면 나무젓가락으로 휘저
   었을 때처럼 사고와 감정이 뒤엉켜 심장 박동 수가 증가하고 거친 숨을 쉬게 되는
   거란다."

⑥ 우리의 신체는 생각과 감정이 자극을 받을 때 이런 모습이 될 수 있다는 것
  을 알려 준다.

⑦ 나무젓가락으로 휘젓는 것을 멈추고 유리잔의 물이 잔잔해질 때까지 기다
  린다.

⑧ 잠시 후 내담자는 잔잔해진 유리잔에서 물이 맑아지고 모래는 바닥에 가라
  앉은 모습을 목격하게 될 것이다. 이때 치료자는 내담자에게 무엇을 보았
  는지 묻는다.

⑨ 이 활동을 통해 스트레스나 불안과 관련된 신체반응을 안정시키는 데 도움
  이 될 수 있는 것은 무엇인지에 대해 이야기를 나눈다.

작업과정 및 결과물 예시

6) 적용 및 수정

● 내담자의 흥미를 유발하는 활동으로 긴장된 신체와 이완된 신체의 차이를 경험하도록 할 수 있다.

● 이 활동과 함께 점진적 근육이완활동(예: ① 눈은 꼭 감도록 한다, ② 5초 동안 눈의 긴장을 느낀 후 10초 동안 이완한다 등)을 해 볼 수 있다.

MEMO

2. 다양한 감정 알아보기

1) 준비물

감정주사위, 8절 도화지, 색연필, 사인펜

준비물 예시

2) 적용 대상 및 유형

아동, 청소년, 성인 / 개인, 집단, 가족

3) 적용 시기

초기, 중기

4) 목표

● 다양한 감정에 대해 배운다.

5) 작업과정

① 감정주사위를 굴려서 나온 얼굴 표정을 그려 본다.

② 얼굴 표정은 어떤 기분인지 적어 본다.

③ 이러한 기분이 들 때의 상황을 적어 본다.

🎞️ 작업과정 및 결과물 예시

6) 적용 및 수정

● 감정주사위 대신 감정카드를 가지고 진행할 수 있다.

● 요즘 자신이 많이 느끼는 감정이 어떤 것인지 생각해 본다.

3. 나의 감정시간표

1) 준비물

24시간 원형시간표, 사인펜, 색연필

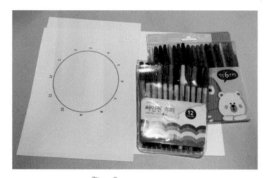

준비물 예시

2) 적용 대상 및 유형

아동, 청소년, 성인 / 개인, 집단, 가족

3) 적용 시기

초기, 중기

4) 목표

● 하루에 감정이 얼마나 자주 변하는지 알아본다.

5) 작업과정

① 24시간 원형시간표의 작성방법에 대해 이야기를 나눈다.

② 오늘 하루 동안 있었던 중요한 일들을 아침, 점심, 오후, 저녁으로 구분하여 시간표의 각 칸에 기록한다(예: TV 보기, 수학 공부, 게임, 축구 등).

③ 각각의 활동을 한 후 어떤 감정을 느꼈는지 기록한다(예: 행복했다, 슬펐다,

걱정됐다 등).

④ 10점을 만점으로 할 때, 그때 당시에 느낀 기분의 강도는 몇 점 정도인지 표시한다(예: 1점은 약한 감징, 10점은 아주 강한 감정).

⑤ 각각의 칸에 적절한 얼굴 표정을 그리고 색을 칠한다.

⑥ 활동 후 느낀 점에 대해서 이야기를 나눈다.

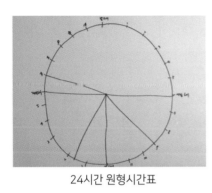
24시간 원형시간표

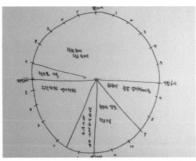
시간표에 기록한 활동

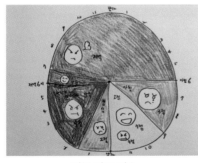
기분 강도 점수

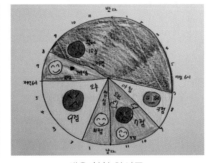
색을 칠한 완성품

작업과정 및 결과물 예시

6) 적용 및 수정

● 실제 감정시간표와 내가 원하는 감정시간표를 만든다.

● 실제 감정시간표와 내가 원하는 감정시간표의 차이를 어떻게 하면 좋을지 에 대한 방법을 탐색한다.

4. 나만의 신체반응

1) 준비물

신체상이 그려진 활동지, 사인펜 또는 색연필

준비물 예시

2) 적용 대상 및 유형

아동, 청소년, 성인 / 개인, 집단, 가족

3) 적용 시기

중기

4) 목표

● 자신의 신체반응을 인식하고 신체반응과 감정 간에 어떤 관계가 있는지를 알 수 있다.

5) 작업과정

① 치료자는 신체상이 그려진 활동지를 제시한다.

   – 지시문: "이 신체상이 자신이라고 생각하고, 신이 났을 때 어떤 신체반응이 나타 나는지 표현해 보세요."

② 준비된 신체상 위에 사인펜이나 색연필 등을 이용하여 자신의 신체와 마음에 대해 표현하도록 충분한 시간을 준다.

③ 작업이 끝나면 새로운 신체상이 그려진 활동지를 제시하고 '화가 났을 때' 신체는 어떻게 반응하는지 그림으로 표현하도록 한다.

④ 이 역시 충분한 시간을 주고, 작업이 끝나면 새로운 신체상이 그려진 활동지를 제시하여 '두려움을 느끼거나 걱정을 할 때' 어떻게 반응하는지 그림으로 표현해 보도록 한다.

⑤ 모든 작업이 끝나면 그림으로 표현한 것에 대해 내담자가 언어로 표현하도록 한다.

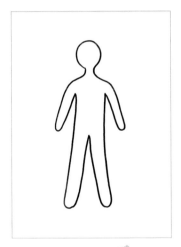 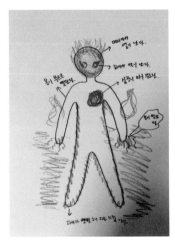

작업과정 및 결과물 예시

6) 적용 및 수정

● 집단작업에서 집단 구성원은 서로 그림을 보여 주거나 자신이 경험한 신체반응들을 집단 내에서 나눌 수 있다. 이때 다른 집단 구성원의 신체반응과 자신의 신체반응이 서로 다르며, 이런 신체반응이 달라도 괜찮다는 것을 알게 하는 것이 중요하다.

5. 생각 분별하기

1) 준비물

장난감 달걀 껍질 3개, 견출지, 바구니 또는 접시 5개, 8절 도화지, 크레파스,

준비물 예시

2) 적용 대상 및 유형

아동, 청소년, 성인 / 개인, 집단, 가족

3) 적용 시기

중기

4) 목표

● 생각, 느낌, 행동이 모두 연결되어 있다는 개념을 체계적으로 이해할 수 있다.
● 생각이 감정과 행동에 미치는 영향을 배운다.

5) 작업과정

① 특정한 순간(나쁜 일이 벌어졌던 상황)을 떠올려 본다. 떠오른 순간을 글

로 적거나 그림으로 그려 본다(예: 동생과 노는데 시끄럽다고 아빠에게 혼이 났다).

② 그 일이 벌어졌을 때의 생각을 적고 달걀에 넣는다. 이 달걀을 '생각'이라고 적힌 바구니에 담는다(예: 생각-'아! 짜증나~.' '아빠는 항상 그래~.').

③ 그 생각이 떠올랐을 때의 기분을 1에서 10까지의 숫자로 표시해 달걀에 넣고, 이 달걀을 '감정'이라고 적힌 바구니에 담는다(1은 최악의 기분을, 10은 기분이 아주 좋은 최고의 상태이다; 예: 감정 단계 1).

④ 어떠한 행동을 했는지 종이에 적고 달걀에 넣는다. 이 달걀을 '행동'이라고 적힌 바구니에 담는다(예: 발을 동동 구르며 짜증을 냈나).

⑤ 다른 바구니를 가져와 '바뀐 생각'이라고 이름을 붙인다.

⑥ 첫 번째 '생각' 바구니에서 달걀 1개를 선택한다. 선택한 달걀 안에 있는 종이에 적힌 생각을 바꾸거나 보다 이성적이고 유용한 생각으로 대체한다.

⑦ 바뀐 생각을 다시 종이에 적어 '바뀐 생각' 바구니에 넣는다(예: '아빠가 일을 하고 계셔서 예민한 상태인 것 같다. 조심해야지.').

⑧ 이전에 사용했던 1에서 10까지의 감정 단계에 맞춰 바뀐 생각을 평가한다(예: 감정 단계 6).

⑨ 생각을 바꾸면 기분이 나아진다는 것을 느끼도록 한 후에 지금 과정에서 새 행동을 찾아 종이에 적고 '바뀐 행동'이라고 적힌 바구니에 담는다(예: '동생과 방에 들어가서 시끄럽지 않은 놀이를 해야지.').

⑩ 생각과 감정의 변화로 인해 행동은 어떻게 달라졌는지 소감을 나눈다.

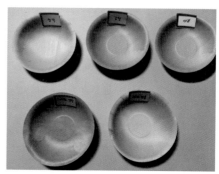

작업과정 및 결과물 예시

6) 적용 및 수정

● 생각과 감정, 행동이 모두 연결되어 있다는 개념은 아동내담자에게 벅찰
  수 있다. 이 기법을 주마다 조금씩 나누어 진행할 수 있다.

MEMO

6. 생각, 감정, 신체반응 및 행동 간의 관계

1) 준비물

8절 도화지 한 장, 크레파스 또는 색연필

준비물 예시

2) 적용 대상 및 유형

아동, 청소년, 성인 / 개인, 집단, 가족

3) 적용 시기

중기

4) 목표

● 생각, 감정, 신체반응 및 행동을 인식하고 이들 간의 연관성에 대해 알아본다.

5) 작업과정

① 자신이 공포나 화, 슬픔을 느꼈을 때를 떠올리게 한다(예: 학교 복도에서 친구와 부딪쳤다).

② 도화지의 왼쪽 끝에 떠올린 상황에서의 행동을 그림으로 그리고, 오른쪽

끝에 당시의 감정을 그려서 서로 마주 볼 수 있도록 종이를 접는다(예시 그림 참조; 예: 행동-소리치며 싸웠다, 감정-화가 났다).

③ 도화지를 벌려 그때의 신체반응과 생각을 찾아 그려 보도록 한다(예: 생각-'뭐야, 조심해야지.'/신체반응-심장이 쿵쾅거리고 주먹에 불끈 힘이 들어간다).

④ 완성된 그림을 보고 생각, 감정, 신체반응 그리고 행동이 어떻게 연결되어 있는지 살펴본다. 이때 치료자는 예시 사진처럼 화살표를 그려 넣어 이들 모두는 서로 영향을 주고 있다는 것을 시각적으로 이해할 수 있도록 돕는다.

⑤ 같은 상황에서 생각을 바꾸면 감정, 신체반응, 행동이 어떻게 달라지는지 알아본다(예: 생각을 '뭐야, 조심해야지.'에서 '바쁜 일이 있나?'로 변경했을 경우에 감정-걱정한다/행동-괜찮은지 확인한 후 도움이 필요한지 묻는다/신체반응-심장이 쿵쾅거린다).

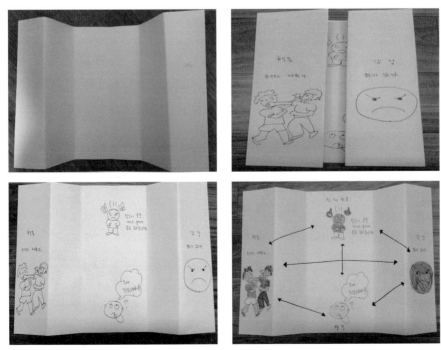

작업과정 및 결과물 예시

6) 적용 및 수정

- 내담자가 자신이 처한 상황을 다른 관점에서 볼 수 있도록 하고, 자신의 감정에 대해 더 정확하게 알 수 있도록 하는 것이 중요하다.
- 파일 폴더를 펼쳐 2개의 안쪽 면을 꾸미도록 한다. 한쪽은 갈등 상황에서 느낀 감정을, 다른 한쪽은 생각을 표현한다. 이때 실제로 생각하고 느꼈던 것을 반영하는 사진을 잡지에서 찾아 콜라주를 해도 좋다.

MEMO

7. 내 머릿속 풍차

1) 준비물

컬러 종이컵, 색도화지, 색종이, 풀, 가위, 할핀, 색연필, 사인펜

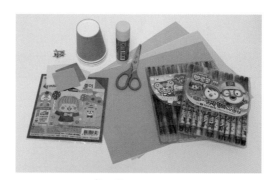

준비물 예시

2) 적용 대상 및 유형

아동, 청소년 / 개인, 집단

3) 적용 시기

초기, 중기

4) 목표

● 풍차 만들기를 활용하여 생각, 감정, 행동을 인식하고 이들 간의 연관성에 대해 알아본다.

5) 작업과정

① 행동을 바꿀 수 있는 단계에 대해 학습하고 연습해 본다(상황 → 상황에 대한 생각 → 상황에 대한 느낌과 감정 → 느낌과 감정에 대한 나의 표현방법 → 행동에 대한 결과 → 이에 따른 영향).

② 풍차 만들기를 활용하여 행동을 바꿀 수 있는 단계를 익힌다.

③ 컬러 종이컵에 나만의 풍차를 꾸며 본다.

④ 색도화지에 풍차 날개 6개를 그린다.

⑤ 행동을 바꿀 수 있는 단계를 차례대로 적고, 가위로 오린다.

⑥ 풍차 날개와 종이컵에 할핀을 끼워 고정시킨다.

⑦ 완성된 풍차를 활용하여 행동을 바꿀 수 있는 단계를 연습해 본다.

⑧ 위와 같이 문제를 조직화한 경험에 대해 이야기를 나눈다.

작업과정 및 결과물 예시

6) 적용 및 수정

● 색지 대신 OHP 필름을 사용할 수 있다.

● 시중에서 파는 공작제품을 활용할 수 있다.

8. 루빈의 잔

1) 준비물

루빈의 잔 그림, 잡지, 검정 도화지, 흰 도화지, 가위, 풀, 매직펜

준비물 예시

2) 적용 대상 및 유형

아동, 청소년, 성인, 노인 / 개인, 집단

3) 적용 시기

중기

4) 목표

● '흑백 사고방식'에 집착하지 않고 대안적인 생각들을 탐색하도록 한다.

5) 작업과정

① 치료자는 내담자에게 루빈의 잔 그림을 보여 주고, 처음 볼 때 무엇이 먼저 보이는지 물어본다.

② 사람은 사물을 볼 때 여러 가지 방식으로 볼 수 있다는 것을 설명하고, 이처럼 어떤 사람들은 모든 상황과 사람에 대해 긍정적인 부분을 보려고 하

지만 반대로 어떤 사람들은 나쁘고 부정적인 부분만 보는 상황을 비유해
서 설명해 준다.

③ 내담자에게 검정 도화지와 흰 도화지를 주어 검정 도화지는 '흑'이라고 하
고, 흰 도화지는 '백'이라고 안내한다.

④ 잡지를 이용하여 흑과 백을 콜라주로 표현한다. 이때 '흑'은 자신이 싫어하
는 것으로, '백'은 좋아하는 것으로 콜라주를 한다.

⑤ 흑과 백의 내용들에 대해 그렇게 생각하는 이유가 무엇인지 이야기 나
눈다.

⑥ 흑과 백 각각에 대한 느낌을 단어로 적어 보고, 그 단어를 이용한 문장을
적는다.

⑦ 흑과 백의 문장 내용에 대해 충분히 이야기를 나눈다.

⑧ ⑦의 내용을 합쳐 하나의 통합된 문장으로 만들고 작품의 제목을 정한 후,
도화지의 중앙에 적어 본다.

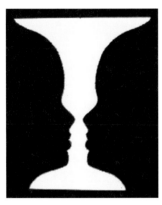  

작업과정 및 결과물 예시

6) 적용 및 수정

● 이 회기의 목적은 부정적으로 생각하는 사람을 긍정적으로 생각하는 사람
으로 변화시키는 것이 아니다. 흑백사고가 아닌 회색 영역에 대해 소개하고,
다양한 사건에 대해 대안적인 생각들을 탐색하도록 하는 것이 중요하다.

9. 돌려라! 생각의 달팽이

1) 준비물

원형의 두꺼운 도화지, 크레파스, 몽당연필, 8절 도화지

준비물 예시

2) 적용 대상 및 유형

아동, 청소년, 성인 / 개인, 집단, 가족

3) 적용 시기

중기

4) 목표

● Aron T. Beck의 주요 인지삼제(① 자신에 대한 비관적 · 부정적 사고, ② 세상에 대한 비관적 · 부정적 사고, ③ 미래에 대한 비관적 · 부정적 사고)에 대해 이해하고, 부정적인 사고 유형을 찾아낸다. 나아가 문제가 되는 인지를 재구성하고 대신할 수 있는 말을 연습한다.

5) 작업과정

① 똑같은 크기와 모양의 팽이를 2개 만들어 서로 다른 색을 칠한다. 예를 들

어, 하나는 파란색으로 칠했다면 다른 하나는 노란색으로 칠한다(서로 보색일 필요는 없다).

② 자신이 자주 떠올리는 부정적인 생각이나 말을 떠올린다. 예를 들어, '나는 부족해, 세상은 불공평해, 미래에 희망은 없어.' 등 인지삼제의 근원적 믿음에 일조한 부정적 자기대화 문장을 떠올리게 한다.

③ 떠올린 문장을 8절 도화지 여기저기에 적는다.

④ 팽이 하나를 골라 종이 위에서 돌려 본다. 팽이가 종이 위에 적은 것 중 한 가지 인지적 오류를 가리키면서 멈추면, 멈춘 문장에 대해 생각한 후 떠오르는 장면이나 얼굴을 그림으로 표현한다.

⑤ ②에서 떠오른 생각이나 말을 기반으로 부정적인 말을 대신할 긍정적인 말을 생각해 내도록 한다. 작업 전 첫 번째 종이에 팽이를 돌렸을 때 기분 나쁘게 만드는 생각에서만 팽이가 멈춘 이 상황을 어떻게 바꿀 수 있을지 물어 내담자가 스스로 대체할 수 있는 말을 만들도록 유도한다.

  – 지시문: "머릿속에 걱정스러운 생각들이 맴돌 때가 있지요? 걱정스러운 생각을 하면 할수록 기분은 더욱 안 좋아지며 걱정이 커진답니다. 그럴 때는 '나는 이렇게 할 수 있어.'와 같은 긍정적인 생각을 찾는 것을 연습해 보아야 합니다."

⑥ 생각해 낸 말을 다른 종이에 적는다.

⑦ 두 번째 팽이를 돌리도록 한다. 팽이가 바뀐 생각에서 멈추면 바뀐 생각으로 인해 떠오르는 감정이나 얼굴을 그림으로 표현한다.

⑧ 작업에 대한 소감을 나눈다.

작업과정 및 결과물 예시

6) 적용 및 수정

● 치료자는 Aron T. Beck의 인지삼제를 충분히 고려하여 아동이 인지삼제 중 특히 어떤 오류에서 헤어 나오지 못하는지 파악하는 것이 중요하다. 따라서 인지적 오류를 조정하는 일에 집중해야 한다.

● 내담아동에게 만든 팽이를 주고 집에 가져가도록 한다. 부정적인 생각이 떠오를 때마다 팽이를 꺼내 돌리면서 대체할 수 있는 말을 연습하도록 한다. 부모에게 아동이 팽이를 사용해서 바뀐 생각을 연습하는 모습을 볼 때 보상을 주라고 요청한다.

MEMO

10. 탈출게임

1) 준비물

8절 도화지, 사인펜, 색연필

🖼️ 준비물 예시

2) 적용 대상 및 유형

7세 이상 / 개인, 집단, 가족

3) 적용 시기

중기

4) 목표

● 비합리적인 사고를 합리적인 사고로 전환하기 위해 내가 할 수 있는 방법을 찾을 수 있다.

5) 작업과정

① '탈출하기' 하면 떠오르는 특정한 순간(나쁜 일이 벌어졌던 상황)에 대해 자유롭게 이야기한다.

② 내가 탈출하고 싶은 일을 주제로 '탈출게임'을 만든다면 메인 화면은 어떤

그림이 될지 생각해 본다.

③ 메인 화면의 탈출하고 싶은 상황에서 생각이 떠올랐을 때의 기분을 1에서 10까지의 숫자로 표시해 이를 에너지 정도로 표현한다(에너지 1은 최악의 기분을, 에너지 10은 기분이 아주 좋은 최고의 상태이다).

④ 아이템과 게임하는 규칙을 그림으로 표현한다(이때 아이템은 합리적인 사고로 변화할 수 있는 것으로 그리도록 유도한다).

⑤ 내가 만든 탈출게임에서 게임을 잘하는 비결에는 어떤 것이 있는지 생각해 본다.

⑥ 이 게임의 최고 난이도는 무엇이고 끝판까지 갔을 때 자신은 어떤 모습일지 생각해 본다. 이때의 에너지 정도도 표현한다.

⑦ 자신의 주변에서 이 게임의 최고 고수는 누구인지 찾아보고, 그 사람의 본받을 점은 무엇인지에 대해 이야기를 나눈다.

⑧ 활동 후 느낀 점에 대해서 이야기를 나눈다.

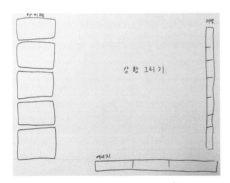 

작업과정 및 결과물 예시

6) 적용 및 수정

● 게임의 내용과 아이템, 규칙을 구체적으로 작성할 수 있도록 한다.

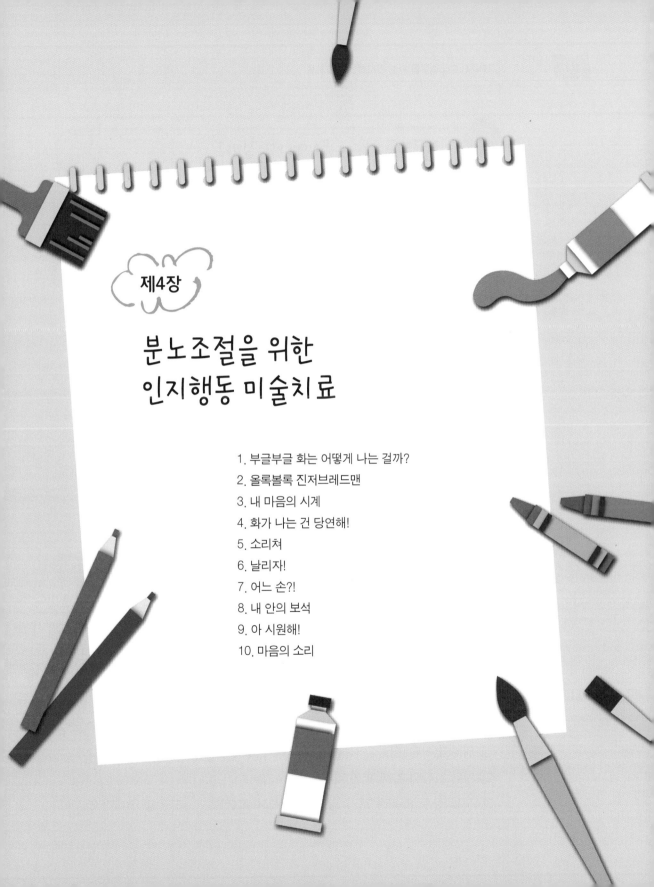

제4장

분노조절을 위한
인지행동 미술치료

1. 부글부글 화는 어떻게 나는 걸까?

1) 준비물

활동지 1(p. 82 참조), 전지, 매직펜, 꾸미기 재료

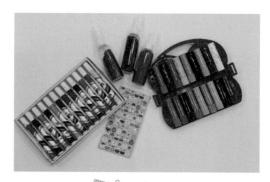

✦✦✦ 준비물 예시

2) 적용 대상 및 유형

아동, 청소년, 성인 / 개인, 집단

3) 적용 시기

초기

4) 목표

● 자신의 분노경험을 돌아보고, 분노 감정을 알아차린다.

● 분노 유발인자를 알아내고 생각과 감정, 신체반응을 연결시킨다.

5) 작업과정

① 워밍업(이완) 활동: 이완훈련(휴지 불기, 호흡법 등)

② 지난 시간의 과제 확인 및 피드백 주기

③ 분노 상황 떠올려 보기: 분노 상황에서 떠오르는 사고들을 구체적으로 이

야기해 본다.

- 사람들은 때때로 누군가의 말이나 어떤 사건 등으로 인해 갑작스런 분노반응을 보일 수 있으며, 간혹 감정 폭발이 일어나기도 한다.
- 자신의 삶에서 이러한 경우를 생각해 내도록 돕는다.
- 눈을 감고 그 상황을 가능한 한 구체적으로 떠올리도록 한다.

④ 활동지 1을 작성해 본다.

- 활동지 1을 통해 생각과 감정이 연결된 것임을 자각하도록 돕는다.

⑤ 전지 위에 누워서 표현하고자 하는 자세를 취하면 치료자 혹은 집단 구성원이 자세를 본떠서 그린다.

- 화가 났을 때 몸에서 어떤 반응이 나타나는지 전신을 본뜬 부분에 그려 본다.
- 화가 났을 때 신체에서 일어나는 일을 그림 위에 그리거나 써 본다.

⑥ 회기 정리 및 과제 내 주기

- 일상생활에서도 활동지 1을 작성하도록 한다.

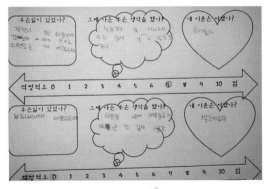
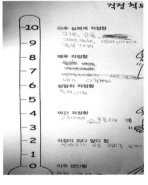

작업과정 및 결과물 예시

6) 적용 및 수정

● 화산 폭발, 난화 등의 작업으로 진행하는 것도 가능하다.

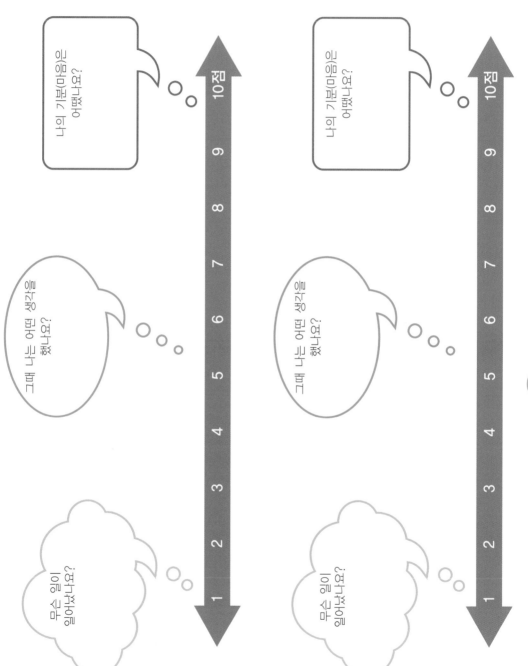

활동지 1

MEMO

2. 올록볼록 진저브레드맨

1) 준비물

진저브레드맨(혹은 단순한 사람 모양) 그림, 매직펜, 플레이콘(올록볼록 단
추), 그 외 꾸미기 재료

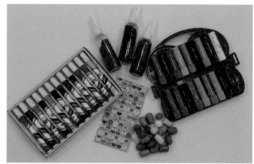

준비물 예시

2) 적용 대상 및 유형

아동, 청소년, 성인 / 개인, 집단

3) 적용 시기

초기

4) 목표

● 분노반응을 색으로 표현해 봄으로써 자신의 분노 패턴을 알아본다.
● 이를 통해 내담자가 분노에 대한 생리학적 반응을 인식하도록 한다.
● 분노 상황 시 일어나는 신체반응을 자각하고, 행동과 감정, 신체반응을 연
  결시킨다.

5) 작업과정

① 워밍업(이완) 활동: 이완훈련(휴지 불기, 호흡법 등)

② 지난 시간의 과제 확인 및 피드백 주기

③ 분노 상황 떠올려 보기

　　– '감정 폭발이 일어나는' 상황이나 행동을 인지하도록 돕는다.

　　– 나를 화나게 하는 것에 대하여 이야기를 나눈다.

　　– 이러한 경험을 하면 갑자기 감정이 폭발하면서 스스로 인지하기도 전에
　　　몸에서 반응이 일어난다.

④ 몸에서 일어나는 반응에 대해 이야기를 나눈다.

　　– "화가 많이 나면 머리가 뜨거워지는 것 같아요." "화가 나면 이를 꽉 물어요."

⑤ 플레이콘을 활용하여 신체반응을 표현한다.

　　– 진저브레드맨 그림에 플레이콘을 붙인다.

　　– 분노의 다양한 정도, 신체반응을 표시하기 위해 여러 가지 색의 플레이
　　　콘을 활용한다.

⑥ 완성된 작품을 보면서 이러한 반응을 일으키는 사람이 있는지 이야기를 나
　눈다.

　　– 울록볼록 진저브레드맨을 눌러 보면서 분노반응은 스스로 조절할 수 있
　　　다는 것을 알아 가도록 돕는다.

⑦ 회기 정리 및 과제 내 주기

　　– 일상생활에서 다른 사람들이 화가 났을 때 하는 반응들을 관찰해 본다.

작업과정 및 결과물 예시

6) 적용 및 수정

● 플레이콘을 종이에 붙일 때는 물을 조금만 묻힌다. 물을 많이 묻히면 플레이콘이 녹아서 흐물거릴 수 있기 때문이다. 플레이콘은 쉽게 잘라지므로 크기를 조절하여 다양한 크기로 표현할 수 있다. 플레이콘 외에도 단추, 컬러점토 등 다양한 재료로 단추를 표현할 수 있다.

MEMO

3. 내 마음의 시계

1) 준비물

색도화지, 꾸미기 재료, 매직펜, 활동지 2(p. 91 참조)

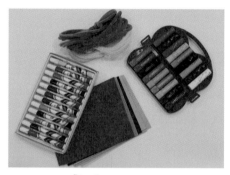

준비물 예시

2) 적용 대상 및 유형

아동, 청소년, 성인, 노인 / 개인, 집단

3) 적용 시기

초기, 중기

4) 목표

● 분노 상황 시 자동적으로 떠오르는 자동적 사고를 점검한다.
● 인지적 왜곡을 확인하고 수정하는 방법을 익힌다.

5) 작업과정

① 분노 상황 시 자신의 자동적 사고에 대해서 점검한다.

  – 대화를 나누며 활동지 2의 노란색 동그라미, 빨간색 동그라미를 채운다.
    감정표현을 위해 채색하거나 꾸며도 좋다.

- "화가 났을 때 처음으로 생각하게 되는 것은 무엇인가요?"

- "화가 난 후에 어떤 감정이 들었나요?"

- "당신의 생각과 감정은 어떻게 연결되어 있나요?"

- "자동적으로 반응하게 되는 신체는 어디인가요? 그리고 어떤 행동을 하게 되나요?"

② 자동적 사고의 인지적 왜곡을 점검한다. 생각하기에 따라서 감정도 행동도 달라질 수 있음을 자각하도록 돕는다.

- "자신의 반응 중 변하고 싶다고 생각하는 부분은 어디인가요?"

- "평소와 다르게 어떤 것을 할 수 있을까요?"

- "평소와 다르게 행동하면 어떤 기분이 들까요?"

- "다른 행동을 하면 어떻게 될까요?"(자신과 주변의 반응, 상황의 변화 등)

- "이러한 변화를 위해서 무엇을 할 수 있을까요?"

③ 활동 마무리 및 과제 내 주기

- 작업과정에 대해서 이야기를 나눈다.

- 일상에서도 내 마음의 시계를 작성해 보도록 한다.

작업과정 및 결과물 예시

6) 적용 및 수정

● 순차적인 진행이 가능한 다른 모양이나 그림으로 활용할 수 있다(예: 시계
  를 다른 모양으로 그린 것, 기차 등).

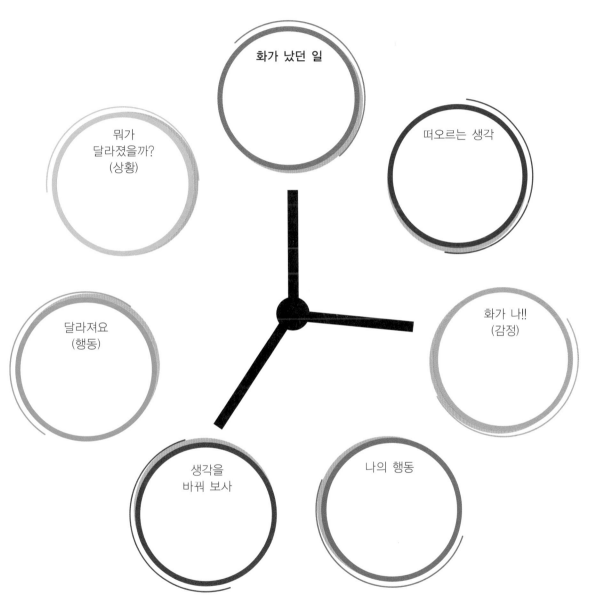

화가 났던 일

떠오르는 생각

뭐가
달라졌을까?
(상황)

화가 나!!
(감정)

달라져요
(행동)

생각을
바꿔 보사

나의 행동

🎨 활동지 2

4. 화가 나는 건 당연해!

1) 준비물

8절 크기의 사포, 크레파스, 찰흙

준비물 예시

2) 적용 대상 및 유형

아동, 청소년, 성인 / 개인, 집단

3) 적용 시기

중기, 후기

4) 목표

- 부정적 감정을 적응적인 방법으로 발산해 본다.
- 적응적이고 안전한 감정표현을 통해 분노 표출의 긍정적인 면을 경험한다.

5) 작업과정

① 워밍업(이완) 활동을 하도록 한다.

② 최근이나 과거에 일어났던 분노 상황을 떠올려 본다.

- 분노했던 상황에 대해서 이야기를 나눈다.

  – 분노했던 상황에서의 감정에 대해 이야기를 나눈다.

③ 사포에 분노 감정을 그린다.

  – 사포에 크레파스로 그리면 단순하면서 화려한 표현이 된다.

④ 사포 그림을 바닥에 놓고, 찰흙을 작게 빚어서 사포 위에 던진다. 과녁을 맞추듯이 세게 던져 본다.

⑤ 다 던진 후에는 분노의 감정을 덮는다. 던지고 덮는 작업을 통해 감정적 해소를 돕는다.

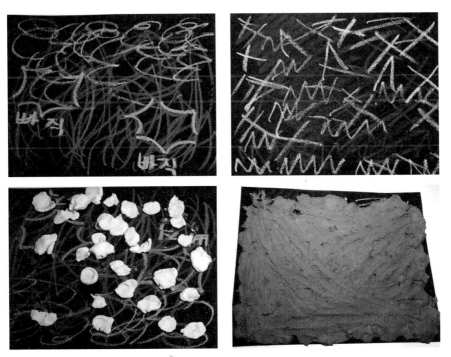

작업과정 및 결과물 예시

6) 적용 및 수정

● 찰흙으로 덮고 나서 그 위에 긁을 수 있는 도구로 그림을 그리거나 뭉쳐서 작품을 더 발전시킬 수 있다. 사포는 거칠어서 손을 다칠 수 있으므로 주의한다.

5. 소리쳐

1) 준비물

8절 도화지, 색연필, 크레파스, 사인펜, 꾸미기 재료, 스카치테이프, 가위, 풀

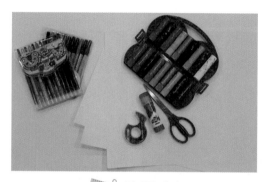

준비물 예시

2) 적용 대상 및 유형

아동, 청소년, 성인 / 개인, 집단

3) 적용 시기

중기

4) 목표

● 화가 나는 상황을 글로 써 보고 말을 하는 과정을 통해서 상황에 대해서 객관적인 시각을 가진다.

● 역할극을 통해서 스스로 인지적 왜곡을 인지하고 수정한다.

5) 작업과정

① 워밍업(이완) 활동을 하도록 한다.

② 분노 상황을 떠올려 본다.

　　－ 분노했던 상황에 대해서 구체적으로 이야기를 나눈다.

　　－ 분노했던 상황에서 내가 주장하고자 했던 내용에 대해 이야기한다.

③ 종이에 분노를 표현하는 그림을 그린 후 종이를 말아서 확성기처럼 만
　 든다.

　　－ 확성기에 대고 자신의 생각을 소리쳐 본다.

④ 분노했던 상황을 간단한 대본으로 만들어 치료자와 역할극을 진행한다.

　　－ 치료자와 역할을 바꿔 가며 진행한다.

　　－ 이 과정에서 비합리적인 신념이 있다면 인지하도록 돕는다.

작업과정 및 결과물 예시

6) 적용 및 수정

● 확성기를 만들어 소리치는 경험이 더 필요하다면 무리하게 역할극으로 넘
　 어가지 않아도 된다.

● 역할극 대본을 만든 후 분노했던 상황에 대해서 치료자와 역할을 나누어
　 재현해 본다.

6. 날리자!

1) 준비물

색습자지 또는 얇은 종이, 색연필, 사인펜, 스카치테이프, 가위

준비물 예시

2) 적용 대상 및 유형

아동, 청소년, 성인, 노인 / 개인, 집단

3) 적용 시기

중기, 후기

4) 목표

● 던지고 발산하는 과정을 통해 스트레스를 해소하고, 즐거운 경험을 한다.
● 분노, 공격성을 긍정적으로 표현하고 조절하는 방법을 배운다.

5) 작업과정

① 우리 모두 짜증 나거나, 억울하거나, 기분이 나쁜 경우가 있다고 설명한다.
   - 이러한 감정을 긍정적으로 발산하는 여러 가지 방법에 대해서 이야기를
     나눈다.

② 즐겁게 발산할 수 있는 방법으로 색습자지 활동을 소개한다.

　　– 여러 장의 색습자지에 "나는 ~ 할 때 화가 나."라는 문장을 쓴다.

③ 색습자지에 적힌 문장을 크게 말하고 찢도록 한다.

　　– 색습자지를 찢고 던지고 날리며 즐겁게 활동한다.

④ 다 찢은 색습자지는 모아서 다양한 작업을 할 수 있다(예: 뭉쳐서 공 만들기,
　　분노인형 만들기 등).

⑤ 활동 마무리 및 정리하기

　　– 활동을 정리하고, 활동과정에 대해서 이야기를 나눈다.

작업과정 및 결과물 예시

6) 적용 및 수정

- 색습자지나 얇은 종이는 쉽게 찢어질 수 있으므로 글을 쓸 때 조심해서 써야 한다. 글을 쓰기 어려운 아동의 경우에는 말로 해도 좋다.
- 이 기법은 개인작업에도 좋지만 집단활동에 더욱 적절하다.
- 분노 발산 시 주의해야 할 점은 분노 발산이 허용되는 때와 장소에 대해 명확하게 알아야 한다는 것이다. 또한 가정에서 하고 싶다면 활동이 가능한 장소를 찾아야 한다.
- 조리되지 않은 달걀에 화난 문장을 쓰고 종이 위에 던지기, 풍선에 문장을 쓰고 터트리기 등의 활동으로 수정하거나 변형하여 활용할 수 있다.

MEMO

7. 어느 손?!

1) 준비물

8절 도화지, 색연필, 사인펜, 꾸미기 재료, 스카치테이프, 가위, 풀

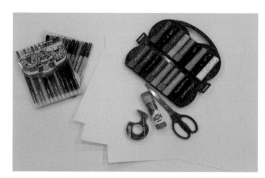

🎨 준비물 예시

2) 적용 대상 및 유형

아동, 청소년, 성인, 노인 / 개인, 집단

3) 적용 시기

초기, 중기

4) 목표

● 자동적으로 떠오르는 부정적인 생각을 합리적인 생각으로 바꾸는 경험을 한다.
● 분노 상황에서의 감정을 바람직한 방향으로 변화시킬 수 있는 대처방법을 탐색한다.

5) 작업과정

① 종이 위에 손을 대고 그린다. 양쪽 손을 다 그린다.

② 한쪽 손 그림에는 화를 내서 잃은 것 다섯 가지를 쓴다.

   – 어린 아동의 경우에는 화를 내면 안 좋은 점을 쓰도록 한다.

   – 글씨를 쓰기 어려울 때는 치료자가 도와준다.

③ 다른 쪽 손 그림에는 화를 잘 내면 좋은 점 다섯 가지를 쓴다.

   – 손가락마다 장점을 쓴다.

   – 화를 잘 낼 수 있는 방법에 대해서 이야기를 나눈다.

④ 치료자와 분노 상황을 재현해 보고 분노를 안전하게 잘 표현하는 대화를 연습한다.

⑤ 활동 마무리 및 과제 내 주기

   – 활동에 대한 경험을 나눈다.

   – 과제: 치료자와 연습한 것을 일상에서 실행하고 일기를 쓰거나 일상에서 화를 많이 내서 힘들었던 경험, 연습한 대로 잘되었던 경험 등을 적어 본다.

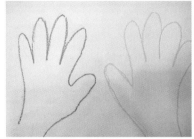

작업과정 및 결과물 예시

6) 적용 및 수정

● 손과 같이 쉽게 떠올릴 수 있으면서 대칭이 되는 형태를 응용할 수 있다.

8. 내 안의 보석

1) 준비물

상자, 색도화지, 색종이, 잡지, 꾸미기 재료, 색연필, 사인펜, 테이프, 가위, 풀

준비물 예시

2) 적용 대상 및 유형

아동, 청소년, 성인, 노인 / 개인, 집단

3) 적용 시기

후기

4) 목표

● 분노 상황에서 자신이 할 수 있는 적응적 대처사고를 배운다.

● 자신이 가지고 있는 긍정적 자원을 통해 조절능력을 탐색하고 적응적 대처를 할 수 있도록 돕는다.

● 화가 날 때 인내와 조절능력은 자신 안에 있다는 것을 인지적 · 시각적으로 확인하는 경험을 한다.

5) 작업과정

① 워밍업(이완) 활동: 공중부양 휴지 게임(얇은 휴지를 들고 불어 보는 게임)

② 분노 상황 시 할 수 있는 적응적인 대처사고에 대해서 이야기를 나눈다(예: 진정하기, 문제 상황으로 지각, 자기격려, 타임아웃, 현실 수용 등).

③ 자신이 할 수 있는 적응적 태도, 자신의 긍정적 자원을 탐색하고 활동지를 작성해 본다.

　　– 분노 상황일 때 자신의 조절능력에 대한 계획서를 작성해 본다.

④ 나만의 보물상자를 꾸민다.

　　– 상자를 다양한 재료로 꾸민다.

　　– 앞서 탐색한 자신의 긍정적 자원, 생각을 종이에 써서 상자 안에 넣는다.

　　– 화가 나거나 조절이 어려운 상황에서 종이를 꺼내 보는 연습을 해 본다.

⑤ 활동 마무리 및 과제 내 주기

　　– 활동에 대한 경험을 나눈다.

　　– 과제: 일상적인 상황에서 짜증 나는 일이 있을 때, 보물 상자의 긍정적인 생각들 중 하나를 골라 화가 가라앉을 때까지 속삭여 보도록 한다.

🔲 작업과정 및 결과물 예시

6) 적용 및 수정

● 상자 안에 넣은 긍정적 자원, 생각을 꺼내서 읽고 이야기 나누는 연습을 여러 번 반복해서 한다. 이를 통해 일상에서도 자연스럽게 떠올릴 수 있도록 돕는다.

MEMO

9. 아 시원해!

1) 준비물

차갑게 한 마스크팩(미용 목적으로 시판되는 제품), 핸드크림

준비물 예시

2) 적용 대상 및 유형

아동, 청소년, 성인, 노인 / 개인, 집단

3) 적용 시기

중기, 후기

4) 목표

● 마스크팩과 핸드크림을 활용하여 정서적·신체적 이완 연습을 한다.

● 이를 통해 분노와 스트레스 반응을 감소시킬 수 있다.

● 시원한 자극을 통해 내담자가 '침착함'에 대한 이미지를 구체적으로 가질 수 있도록 돕는다.

5) 작업과정

① '시원한 마스크팩'을 사용하는 것에 대해서 설명한다.

② 시원한 마스크팩을 사용하는 것은 화가 나는 상황에서 침착해지는 것과 같은 것임을 설명한다.
 - 혼란, 분노, 흥분한 상황에 치했을 때, '시원한 마스크팩'처럼 차갑고 침착한 사람에 대해서 이야기를 나눈다.
 - 침착한 태도나 마음의 이미지를 머릿속에 그려 보도록 한다.
 - 미리 차갑게 해 놓은 마스크팩을 얼굴에 붙여 준다.
 - 마스크팩을 붙이고 눈을 감고 근육이완과 심호흡 연습을 할 수 있도록 한다.
③ 좋은 향기가 나는 핸드크림을 발라 준다.
 - 좋은 향기와 부드러운 느낌을 경험함으로써 이완되는 느낌과 안정감을 경험한다.
④ 침착해져야 하는 상황에 대해 이야기를 나누고, 역할극을 해 본다.
 - 침착함을 유지했을 경우에 어떻게 다르게 행동할 수 있을지 역할극을 해 본다.
 - 간단히 대본을 써도 되고, 그림으로 그려 볼 수도 있다.
⑤ 활동 마무리 및 과제 내 주기
 - 활동에 대한 경험을 나눈다.
 - 과제: 일상적인 상황에서 짜증 나는 일이 발생했을 때 시원한 마스크팩을 떠올려 보도록 한다.

작업과정 및 결과물 예시

6) 적용 및 수정

● 마스크팩을 얼굴 전체에 붙이기 어려울 경우에는 눈, 이마 등 일부분만 붙이는 제품을 활용한다. 얼굴에 붙이는 것을 불편하게 여길 경우에는 손, 발전용 제품으로 진행할 수도 있다.

● 핸드크림 활동은 피부 접촉을 하기 때문에 부모, 보호자와 함께하는 것이 좋다. 집단일 경우에는 집단 구성원이 서로 발라 줄 수 있다. 그러나 성별이 다르거나 서로 발라 주는 것이 어려울 경우에는 스스로 바르도록 하는 것이 좋다.

MEMO

10. 마음의 소리

1) 준비물

공간을 꾸밀 천, 점토, 꾸미기 재료, 네임펜, 색연필, 테이프, 가위, 풀, 종이 컵, 내담자가 소중히 여기는 물건들

준비물 예시

2) 적용 대상 및 유형

아동, 청소년, 성인, 노인 / 개인, 집단

3) 적용 시기

후기

4) 목표

● 분노 상황 시 스스로 조절하는 방법을 탐색하고, 대안적 사고를 하도록 돕는다.
● 자신만의 안정적인 공간을 경험함으로써 일상생활에서 평정심을 유지할 수 있다.

5) 작업과정

① 워밍업(이완) 활동: 다양한 소리가 녹음된 음악 소리를 듣는다.

 - 새소리, 파도 소리, 장작 타는 소리, 잔잔한 음악 등

 - 다양한 소리를 들으면서 소리별로 구분해 본다.

 - 편안해지는 소리를 하나 정한 후 그 소리에 집중해서 다시 한번 들어
 본다.

 - "어떤 소리가 들렸나요? 어떤 소리가 편안하게 들렸나요?"

② 내 마음의 소리에 대해 이야기를 나눈다.

 - "편안한 소리를 들으면서 어떤 생각이 들었나요?"

 - 내 마음의 소리를 들어 본 적이 있는지 물어본다.

 - "마음의 소리 중에 인상 깊었던 것이 있나요?"

 - "화가 날 때는 마음에서 어떤 소리가 나요?"

③ 편안하게 마음의 소리를 들을 수 있는 공간을 꾸민다.

 - 바닥에 천을 깔고 나만의 공간을 꾸며도 좋다.

 - 일상에서 자주 활용할 수 있도록 편안함을 주는 물건을 만드는 것도 가
 능하다.

 - 만들기가 어려우면 음악 소리를 들으며 도화지에 자유롭게 그려 본다.

④ 활동 마무리 및 과제 내 주기

 - 활동에 대한 경험을 나눈다.

 - 과제: 평정심 일기를 써 본다. 평소에는 화를 낼 상황인데 평정심을 유
 지하거나 편안하게 표현한 경험을 매일 짧게 쓰도록 격려한다.

작업과정 및 결과물 예시

6) 적용 및 수정

● 물건을 만드는 활동을 할 경우에 작품의 크기는 적절하게 조절하는 것이
좋다.

● 일상생활에서 자주 보고 평정심을 연습할 수 있도록 작품의 크기를 정
한다.

● 내담자가 거주하는 공간에 마음을 돌아볼 수 있는 공간을 꾸미는 것도
좋다.

분노조절을 위한 인지행동 미술치료 10회기 프로그램

단계	목표	회기	활동명	기대효과
1단계 (초기)	라포 형성 및 감정 탐색	1	부글부글 화는 어떻게 나는 걸까?	• 라포 형성 • 분노 감정 이해
		2	올록볼록 진지브레드맨	• 분노 상황에서 경험하는 신체 증상 자각
		3	내 마음의 시계	• 상황–생각–감정–행동 구별 • 자동적 사고 이해
2단계 (중기)	인지적 재구조화 및 분노표현	4	화가 나는 건 당연해!	• 분노의 적응적 해소 • 분노 이면의 감정, 욕구 파악
		5	소리쳐	• 비합리적 신념에 대한 이해 • 안전한 분노표현 연습
		6	날리자!	• 분노감정의 조절 • 적응적 해소
		7	어느 손?!	• 적응적 대처 사고 연습 • 행동조절기법 숙지
3단계 (후기)	적응적 대처 및 프로그램 정리	8	내 안의 보석	• 자신의 장점 탐색 • 자신의 조절능력 활용
		9	아 시원해!	• 정서적 · 신체적 이완 연습
	긍정적 기대	10	마음의 소리	• 스스로 조절 • 평정심 유지

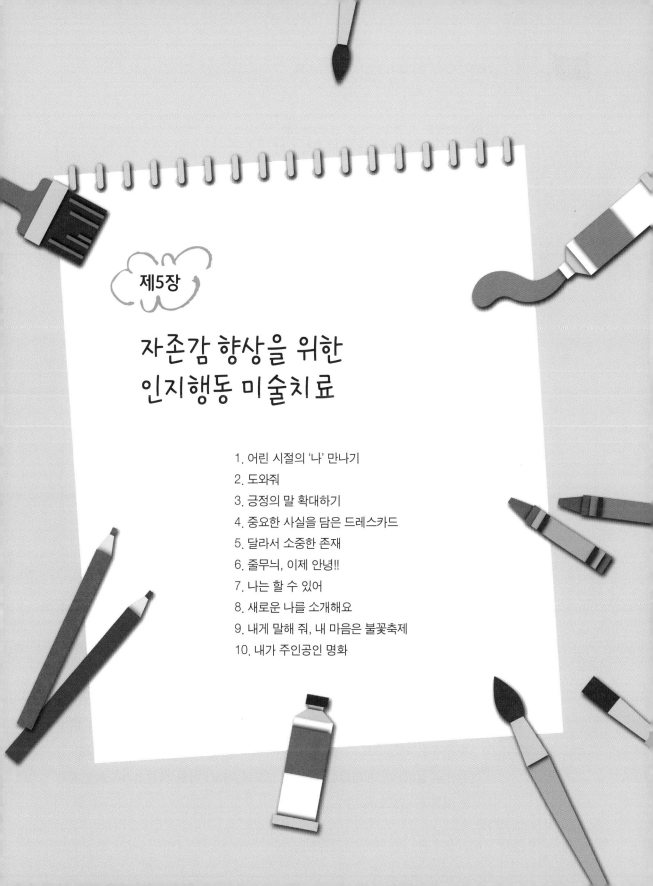

제5장

자존감 향상을 위한
인지행동 미술치료

1. 어린 시절의 '나' 만나기

1) 준비물

도화지, 색연필, 사인펜, 연필, 지우개

준비물 예시

2) 적용 대상 및 유형

청소년, 성인, 노인 / 개인, 집단

3) 적용 시기

초기

4) 목표

● 자신의 내면아동을 인식하고 이해할 수 있다.

5) 작업과정

① 내담자에게 눈을 감고 타임머신을 탔다고 생각하게 한 후 타임머신을 타고 과거의 한 지점으로 가서 그 시기의 자신을 상상해 보게 한다. 그리고 그 어린 시절의 '나'와 대화를 나누어 보도록 하고, 어린 시절의 '나'에게 원하는 것을 물어보도록 한다.

② 눈을 뜨고 타임머신을 타고 간 곳에서 만난 어린 시절의 '나'를 그림으로 그려 보게 한다.

③ 어린 시절의 자신이 원하는 것이 무엇이었는지 적어 보게 한다.

④ 내면의 자신이 원하는 것에 대해 어떻게 대답해 줄 것인지를 생각해서 적어 보도록 격려한다.

⑤ 인식한 내면의 아동에 대한 생각과 감정을 다음과 같이 함께 나눈다.

- "타임머신을 타고 돌아간 지점은 언제인가요?"
- "그때의 당신은(너는) 몇 살인가요? 어떤 상황이었나요?"
- "그때의 당신은(너는) 어떤 기분으로 보였나요?"
- "그때의 당신을(너를) 만난 현재의 '나'의 느낌은 어떠했나요?"
- "그때의 당신이(네가) 원하는 것은 무엇이었나요?"
- "만약 그때의 당신이(네가) 원하는 것을 가질 수 있었다면 지금의 당신은(너는) 어떻게 달라졌을까요?"
- "당신이(네가) 어렸을 때 했어야 했던 것은 무엇일까요?"

작업과정 및 결과물 예시

6) 적용 및 수정

● 이 활동은 Branden(1994)의 '내면아동의 이해'를 기반으로 고안한 것이다. 삶의 많은 요소가 자아개념과 자신감에 영향을 준다. 그중 하나가 모든 사람에게 내재되어 있는 내면아동이다.

'내면아동'이란 모든 사람이 가지고 있는 유아적인 면을 표현하는 말이다. 자존감이 강한 사람들은 자신의 내면아동에 대해 수용적이지만, 자존감이 낮은 사람들은 내면아동을 격하시키거나 거부적인 태도를 취한다. 내면아동을 인식하고 수용하게 되면 자연스럽고 명랑한 행동을 하게 되나, 내면아동을 이해하지 못할 때에는 부적절한 행동을 보이게 되고 자존감이 낮아지는 경험을 하게 된다. 그러므로 내면아동을 인식하는 과정에서 어려움을 겪는다면 충분히 시간을 주어 내면아동을 인식할 수 있도록 한다.

MEMO

2.

도와줘

-부정적 자기 기억(절망감, 무력감) 재구성-

1) 준비물

4절 또는 8절 도화지, 사인펜, 네임펜, 크레파스

준비물 예시

2) 적용 대상 및 유형

아동, 청소년, 성인 / 개인, 집단

3) 적용 시기

초기

4) 목표

● 합리적인 믿음 표현과 긍정적인 자기대화의 말을 만들어 본다.
● 나를 사랑하고 도와주려는 사람들이 존재함을 인식한다.

5) 작업과정

① 자신이 함정에 빠져 바닥에서 두려워하고 있다고 상상하도록 한다. 그런 다음 그 위에 누군가가 있다고 생각하도록 한다. 내담자를 도와주려고 하는 그 사람들이 누구인지 상상해 보게 한다.

② 도화지에 U자 형태로 함정을 그리도록 한다.

③ 함정에 빠져 절망하고 있는 내담자를 그리고, 함정 위에서 내담자를 도우려고 하는 모든 사람을 그리도록 한다.

④ 함정에 빠진 내담자를 구하기 위해 밧줄을 매단 모습을 그리고, 이 작업이 성공하기 위해 필요한 것에 대해 도화지에 적도록 한다.

⑤ 내담자가 함정에 빠졌을 때와 올라오고 난 후의 감정과 생각에 대해 함께 이야기 나눈다.

　－ "함정에 빠졌다고 느꼈을 때 어떤 감정이 들었나요?"

　－ "내 삶에서 함정에 빠진 것처럼 느껴지는 사건들은 무엇이 있었나요?"

함정에 빠진 사람

함정에 빠진 내담자를 도우려는 사람

함정에 빠진 사람

함정에 빠진 내담자를 도우려는 사람

 작업과정 및 결과물 예시

- "함정에 빠진 것 같은 사건을 어떻게 극복했나요? 누군가의 도움이 있었나요?"
- "도움을 받았을 때 느꼈던 감정은 어떤 것이었나요?"
- "만약 도움을 주는 사람이 없다면 어떤 기분이 들 것 같나요?"
- "또 인생의 함정이 있다면 무엇이 있을까요? 그런 함정을 어떻게 극복할 수 있을까요?"

6) 적용 및 수정

● 작업 시 내담자가 자신 주변의 지지체계에 대해 전혀 떠올리지 못하는 경우도 종종 발생한다. 이런 경우에는 일상생활에 대해 치료자와 충분히 이야기를 나누면서 친구, 선배, 가족, 선생님 등의 지지자들에 대해 이야기를 나누어 볼 수 있다.

● 내담자가 주변 환경 지지자들에 대해 전혀 떠올리지 못한다면 그때 내담자가 느끼는 절망감과 무력감에 대해 충분히 감정을 나누는 것도 의미 있는 작업이 될 수 있다.

● 내담자에게 또다시 불편한 상황에 처할 수 있다고 설명해 준 후에 기존의 비합리적인 사고에 대해 점검하고 다른 대처방법을 생각해 보도록 한다.

MEMO

3. 긍정의 말 확대하기

-자기조절 및 긍정의 힘 키우기-

1) 준비물

돋보기, 알루미늄 포일, 도화지, 펜, 휘핑크림 또는 면도크림

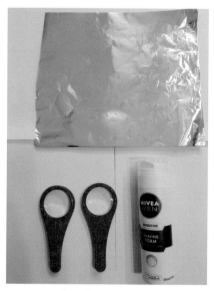

준비물 예시

2) 적용 대상 및 유형

아동, 청소년, 성인, 노인 / 개인, 집단

3) 적용 시기

중기, 후기

4) 목표

● 부정적 상황에서도 합리적으로 생각하고 긍정적으로 전환할 수 있다는 것을 알게 한다.

● 자신과 타인에게 긍정적인 말을 많이 하도록 한다.
● 자아존중감을 높인다.

5) 작업과정

① 내담자가 자주 타인에게서 듣는 말과 스스로에게 하는 말에 대해 이야기를 나눈다. 이 말들은 기분을 좋게도 만들고, 나쁘게도 만듦을 알려 준다.

② 타인이 나에게 불쾌하거나 비열한 말을 하는 것을 막을 수는 없지만 그 말을 듣고 난 후 어떻게 할지는 자기 자신이 결정할 수 있다고 알려 준다.

③ 타인에게 들었던 기분 나쁜 말이나 스스로에게 했던 불쾌한 말을 기억해 보게 한 후에 이를 휘핑크림으로 크게 써 보도록 한다. 치료자는 이 글씨가 얼마나 큰지, 그래서 얼마나 많은 공간을 차지하고 있는지 이야기해 준다.

④ 타인이 내담자를 기분 좋게 해 주었던 말을 생각해 보도록 한다.

⑤ 마지막으로 하고 싶은 긍정적인 말을 내담자 스스로 생각해 보도록 한다. 이때 아주 작은 종이를 주고, 읽기 힘들 정도의 작은 글씨로 '긍정적인 말'을 적어 보도록 한다.

⑥ 돋보기를 주고 부정적인 말을 무시하고 '긍정적인 말을 강조'하면서, 내담자가 들은 '긍정적인 말'을 확대하는 것이 어떤 느낌일지 이야기해 보도록 한다.

⑦ 내담자가 읽기 힘들 정도로 작게 써진 '긍정적인 말'을 돋보기를 사용해서 보게 하고, 이것을 크게 소리 내어 읽도록 한다.
  – 휘핑크림으로 썼던 '불쾌한 감정'의 메시지를 확인해 보도록 한다. 휘핑크림으로 쓴 메시지는 그때는 액체로 변했을 것이고 훨씬 더 작아졌을 것이다. 아마 다 사라졌을 수도 있다. 이때 치료자는 내담자에게 "긍정적인 말을 크게 만드는 동안 부정적인 말은 줄어들고 사라져 버렸네."라고 말해 준다.

⑧ 다음과 같이 내담자 스스로가 주변에서 듣는 말을 조절할 수 있도록 힘을

부여하는 이야기를 나눈다.

- "'부정적인 말'은 왜 크게 느껴질까요?"

- "'긍정적인 말'을 해 주는 사람은 누구였나요?"

- "'긍정적인 말'을 기억하고 확대하기 위해 무엇을 할 수 있을까요?"

- "'긍정적인 말'에 집중하면 '부정적인 말'은 어떻게 될까요?"

작업과정 및 결과물 예시

6) 적용 및 수정

● 이 기법은 가족에게도 유용하게 적용될 수 있다. '긍정적인 말'의 확대가 의미하는 것을 부모에게 설명하고, 한 주 동안 그들의 자녀에게 '긍정적인 말'을 하도록 의식적으로 노력하게 한다. 부모는 아동에게 '긍정적인 말'을 살짝 해 주고, 아동은 다음 회기에 이 목록을 가져와 돋보기를 사용해 읽을 수도 있다.

MEMO

4. **중요한 사실을 담은 드레스카드**

-긍정적 자기대화-

1) 준비물

색도화지 두 장, 색연필, 네임펜, 색종이, 풀, 가위, 칼

준비물 예시

2) 적용 대상 및 유형

아동, 청소년, 성인, 노인 / 개인, 집단

3) 적용 시기

중기

4) 목표

● 긍정적 언어로 자기대화를 할 수 있도록 돕는다.

● 새로운 자신의 장점을 발견하고 표현할 수 있도록 돕는다.

● 자존감을 향상시킨다.

5) 작업과정

① 내담자에게 눈을 감고 호흡으로 이완하도록 하고, 다음과 같이 이야기를 들려준다(동화『중요한 사실』의 줄거리).

- "비에 관한 중요한 사실은 비는 모든 걸 촉촉이 적신다는 거예요. 비는 하늘에서 내려오고, 빗소리를 내고, 빗물로 모든 것을 반짝이게 하고, 비는 아무런 맛도 나지 않고, 아무런 색깔도 없어요. 하지만 비에 관한 중요한 사실은 비가 모든 걸 촉촉이 적신다는 거예요. 너에 관한 중요한 사실은 너는 바로 너라는 거예요. 예전에 너는 아기였고, 무럭무럭 자라서 지금은 어린아이고, 앞으로 더 자라서 어른이 된다는 건 틀림없어요. 하지만 너에 관한 중요한 사실은 너는 바로 너라는 거예요."

② 내담자에게 중요한 사실은 '너는 바로 너'라는 것과 사람들에게는 누구나 장점이 있으며, 그 장점은 자신을 빛나게 해 줄 뿐 아니라 다른 사람들이 바라볼 수 있는 창문과 같다는 것에 대해 이야기를 나눈다.

③ 창문이 달린 옷을 만들어서 자신이 알려 주고 싶은 자신의 장점들을 창문 속에 그려 넣은 후 알려 주고 싶은 사람에게 전달할 거라고 이야기를 나눈다.

④ 드레스, 셔츠, 바지, 조끼, 재킷, 모자 등 다양하게 생각나는 옷들을 그려서 채색도 하고 무늬도 그려 보도록 한다.

- 옷 위에 창문으로 만들 커다란 주머니를 여러 개 그려 넣는다.
- 만든 옷의 주머니 무늬에 칼로 창문을 뚫는다.

⑤ 내담자에게 알려 주고 싶은 장점이나 중요한 긍정적 사실을 옷의 창문에 그리거나 기록하게 하여 접은 후 옷카드를 마무리하도록 한다.

- 그림을 그리고 꾸민 후에 색종이를 붙인 위치를 잘 맞춰 선물 상자 모양이 되도록 접어 준다. 이 그림을 펼치면 중요한 사실을 담은 '드레스카드'가 짠 하고 나오게 된다.

⑥ 내담자가 옷카드에 기록하거나 그린 자신의 장점을 소개하도록 한다.

- "나의 장점은 무엇인가요? 내가 좋아하는 자신의 모습은 무엇인가요?"

- "'나에게도 장점이 많아.'라고 생각이 바뀌었을 때 기분이 어땠나요?"
- "자신의 장점을 다른 사람에게도 나타낼 수 있도록 어떻게 연습해 볼 수 있을까요?"

옷에 커다란 주머니를 단 모습   장점이나 긍정적 사실을 쓴 주머니를 단 모습

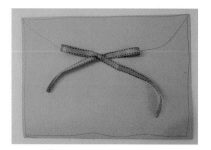

작업과정 및 결과물 예시

- "이 옷카드를 누구에게 전하고 싶나요?"
- "왜 이 옷카드를 ○○에게 전하고 싶나요?"

6) 적용 및 수정

● 장점을 찾기 힘들어하는 내담자에게는 소소한 것도 장점으로 찾아줄 수 있
  도록 한다(예: 건강한 머리카락, 많은 친구 등).
  - 치료자는 내담자가 치료과정에서 만들어 낸 긍정적 자기대화를 수용하
    는지 확인해야 한다.

5. 달라서 소중한 존재

-나만의 장점을 찾고 굳히기-

1) 준비물

신문지(소포 용지), 네임펜, 가위, 풀, 스테이플러, 색종이 등 다양한 꾸미기 재료, 색연필

준비물 예시

2) 적용 대상 및 유형

아동, 청소년, 성인, 노인 / 개인, 집단

3) 적용 시기

중기

4) 목표

● 남들과 다르다고 해서 틀린 것은 아님을 알게 한다.

● '생각 멈추기'와 '생각 바꾸기'를 훈련하도록 한다.

5) 작업과정

① 눈을 감고 호흡을 통해 몸을 이완하도록 하고, 다음과 같이 이야기를 들려 준다(동화 『그래서 모든 게 달라졌어요』의 줄거리).

- "생김새도 생각도, 행동까지도 모두 똑같아야 한다고 생각한 콩콩이들의 세상에

콩돌이가 주황색 스웨터를 만들어 입으면서 변화가 시작돼요. 처음에 콩콩이들은 자신들과 달라 보이는 콩돌이를 못마땅하게 생각했지만 콩아가 콩돌이와 똑같은 주황색 스웨디를 입자 너도나도 모두 달라 보이고 싶어 해요. 그래서 모두들 주황색 스웨터를 입기 시작했죠. 하지만 모두가 똑같은 스웨터를 입게 되자 콩돌이는 이제 모자를 써서 자신의 개성을 나타내요. 이번에도 콩콩이들은 모자를 따라 쓰기 시작할까요? 중요한 것은 콩돌이의 생각이 모든 것을 바꾸어 놓았다는 사실이겠죠! 귀여운 콩콩이들의 이야기를 통해 알 수 있는 것은 다르다는 것은 틀린 것이 아니라는 점이랍니다."

② 다름과 틀림에 대한 생각에 대해 이야기를 나눈 후 다르다는 것은 틀린 것이 아님에 대해 이야기를 나눈다.
 - "내가 다른 사람들과 다르다고 생각한 것은 무엇인가요?"
 - "내가 다른 사람들과 다르다고 생각했을 때 어떤 느낌이었나요?"
 - "내가 다른 사람들과 다르다는 것은 틀린 것과 어떻게 다를까요?"

③ 모두가 똑같은 세상에 사는 콩콩이라면 나만의 개성을 어떻게 보여 줄 수 있을지에 대해서 생각해 보고, 나만의 콩콩이 인형을 만들어 보게 한다.
 - 흔하게 구할 수 있는 신문지 위에 콩콩이를 그린다. 소포 용지나 서류봉투로 만들면 좀 더 탄탄한 콩콩이를 만들 수 있다.
 - 그린 콩콩이를 앞뒤 두 장을 겹쳐서 오린 후, 위쪽은 제외하고 아래쪽을 스테이플러로 찍어 준다.
 - 콩콩이를 나 자신이라고 생각하고, 나만의 개성을 살린 콩콩이를 꾸민다.
 - 스테이플러를 찍지 않은 쪽 구멍에 종잇조각, 뽁뽁이 조각을 넣어서 통통하게 만들어 준다.
 - 적당히 통통하게 입체적으로 만들어졌으면 위쪽을 스테이플러로 찍어 콩콩이 인형 만들기를 마무리한다.

④ 완성한 자신의 콩콩이에게 개성 넘치는 이름을 지어 주고, 왜 이렇게 만들었는지 이야기하는 시간을 갖는다.
 - "완성한 자신의 콩콩이의 특별한 이름은 무엇인가요?"

- "이렇게 이름을 만든 이유가 무엇인가요?"
- "나 자신을 나타내는 특별한 이름을 만든 후에 기분이 어땠나요?"

⑤ 다른 사람과는 다른 나만의 개성을 소중하게 생각하려면 어떤 노력이 필요할지에 대해 이야기를 나눈다.

⑥ 다른 사람과는 다른 나만의 개성을 '틀렸어'라고 생각할 때마다 '생각 멈추기'와 '생각 바꾸기'를 연습해 보도록 한다.

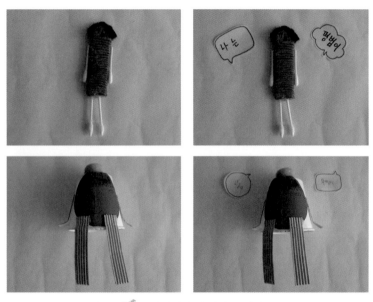

작업과정 및 결과물 예시

6) 적용 및 수정

● 자신만의 개성을 인식할 수 있도록 지지하고 격려한다.

● 부정적인 자기대화문장이 생각날 때마다 '생각 멈추기'와 '생각 바꾸기'를 연습해 보도록 한다.

● 인형의 규격과 색은 내담자의 욕구에 따라 자유롭게 할 수 있다.

MEMO

6. 줄무늬, 이제 안녕!!

−자기만의 목소리 내기(생각 대체하기)−

1) 준비물

투명 우비, 매직펜, 아세톤, 휴지, 색종이

✿ 준비물 예시

2) 적용 대상 및 유형

아동, 청소년, 성인, 노인 / 개인, 집단

3) 적용 시기

중기, 후기

4) 목표

● 문제에 대한 자신의 사고를 재평가하고 수정한다.

● 문제해결 방안을 구체화하여 문제해결에 대한 효능감을 높인다.

● 긍정적 자존감을 향상시킨다.

5) 작업과정

① 눈을 감고 호흡을 통해 몸을 이완하도록 하고, 다음과 같이 이야기를 들려
준다(동화 『줄무늬가 생겼어요』의 줄거리).

– "카밀라는 친구들과 다른 것을 두려워하는 여자아이예요. 다른 사람의 시선을 지
나치게 의식하던 카밀라는 온몸에 줄무늬가 생기는 '줄무늬병'에 걸렸답니다. 카
밀라는 아욱콩을 좋아했지만 절대 먹지 않았어요. 친구들이 아욱콩을 싫어했기
때문이에요. 친구들이 놀릴까 봐 그런 것이랍니다. 학교에 간 카밀라는 놀림의 대
상이 돼요. 그리고 신기하게도 친구들이 말하는 대로 줄무늬의 색과 모양이 변해
요. 사람들에게 맞춰 사는 카밀라 자신처럼 줄무늬도 사람들이 말하는 대로 변하
는 거예요. 결국 의사, 과학자를 비롯한 많은 사람이 고치러 오지만 실패를 하지
요. 방송을 본 한 할머니가 카밀라네 집에 찾아와요. 초록색 알약이 든 병을 꺼냈
는데, 그것은 아욱콩이었어요. 할머니는 카밀라에게 먹고 싶지 않냐고 물었고, 카
밀라는 먹기 싫다고 거짓말을 했어요. 하지만 곧 솔직하게 먹고 싶다고 말했지요.
그렇게 해서 아욱콩을 먹은 카밀라는 행복감을 느끼고, 줄무늬병도 낫게 되었어
요. 다른 사람을 의식하지 않고 자신 있게 의견을 말하는 것은 필요한 일이랍니
다. 그러기 위해서는 용기도 필요해요."

② 이야기 속의 카밀라처럼 비슷한 경험을 한 적이 있었는지에 대해 이야기를
나눈다.

– "카밀라처럼 친구들을 의식한 적이 있었나요? 어떤 것이었나요?"

– "내가 좋아하는 것과 싫어하는 것에 대해 솔직하게 말하는 것을 어렵게 만드는 이
유는 무엇일까요?"

③ 카밀라처럼 줄무늬병에 걸렸다면 어떤 모습일지 투명 우비에 자유롭게 꾸
며 본 후, 줄무늬가 그려진 투명 우비를 입고 있는 자신의 모습을 거울에
비춰 보면서 그 느낌을 느껴 보도록 한다.

– "줄무늬가 그려진 투명 우비를 입은 자신의 모습을 거울을 통해 보면서 어떤 느낌

이 드나요?"

- "어떻게 줄무늬병이 다 나았나요?"

④ 줄무늬병을 고치기 위한 방법에 대해 이야기를 나눈 후, 다른 사람이 나를 어떻게 생각할까를 먼저 생각하기보다 자신이 좋아하는 것과 싫어하는 것에 대해 솔직하게 말하고 투명 우비에 그려진 줄무늬를 아세톤으로 한 줄씩 지워 나간다.

- "남의 시선을 의식하지 않고 내가 좋아하는 것, 내가 할 수 있는 것들을 표현하는 방법은 무엇이 있을까요?"

- "투명하게 지워진 우비를 보니 어떤 느낌이 드나요?"

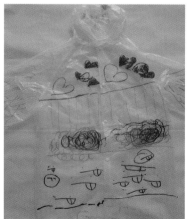
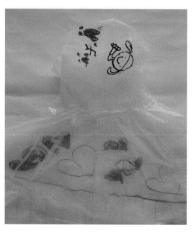

작업과정 및 결과물 예시

- "앞으로 '다른 사람이 나를 어떻게 생각할까'라는 생각이 먼저 들 때마다 어떻게 하면 좋을까요?"

⑤ 사신에게 색이 있다면 어떤 색으로 나를 표현할 수 있는지, 그 이유는 무엇인지에 대해 이야기를 나누고 투명 우비에 표현하도록 한다.
- "나 자신을 어떤 색으로 표현했나요? 그 이유는 무엇인가요?"

6) 적용 및 수정

- 인지 재구성은 내담자에게 힘든 과정일 수 있으므로 내담자가 끌릴 만한 투명 우비를 준비해 주어 관심을 끌 수 있도록 한다.
- 남의 시선을 의식하지 않고 내가 좋아하는 것, 내가 할 수 있는 것들을 표현할 때 격려한다.
- 마지막 과정에서 대안을 이야기하고 표현한 후, 역할극을 통해 대안행동을 예행연습해 볼 수 있다.

7. 나는 할 수 있어

-나를 가로막는 고정관념 버리기-

1) 준비물

8절 도화지, 크레파스 또는 색연필, 연필, 지우개, 나를 가로막는 고정관념
활동지

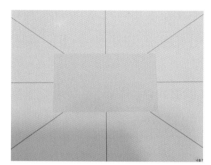

🎨 준비물 예시

2) 적용 대상 및 유형

아동, 청소년, 성인, 노인 / 개인, 집단

3) 적용 시기

중기

4) 목표

● 자신의 생각을 가로막는 부정적인 사고 유형을 찾아낸다.

● 나아가 문제가 되는 인지를 재구성하고 대신할 수 있는 말을 연습한다.

● 긍정적인 자아개념을 확립한다.

5) 작업과정

① 자신이 자주 떠올리는 부정적인 생각이나 말(인지적 오류)을 떠올려 보도록

한다.

- '난 부족해, 세상은 불공평해, 미래에 희망은 없어.'

② 띠올린 문장을 '나를 가로막는 고정관념' 활동지 여기저기에 적어 보도록 한다.

③ '나를 가로막는 고정관념' 활동지 가운데에 칩 하나를 올려 두도록 한다. 내담자가 손가락으로 튕긴 칩이 한 가지 부정적인 생각이나 말(인지적 오류)을 가리키면서 멈추면, 멈춘 문장에 대해 생각한 후 떠오르는 장면이나 얼굴을 '나를 가로막는 고정관념' 활동지에 그림이나 색으로 표현하도록 한다.

④ 내담자가 떠올린 생각이나 말을 기반으로 부정적인 말을 대신할 긍정적인 말을 생각해 내도록 한다. 내담자가 첫 번째로 칩을 손가락으로 튕겼을 때 부정적인 생각이나 말에서만 칩이 멈춘 이 상황을 어떻게 해야만 바꿀 수 있을지를 물어 내담자가 스스로 대체할 수 있는 말을 만들도록 유도한다.

- "칩을 손가락으로 튕겼을 때 멈춘 이 상황을 어떻게 하면 바꿀 수 있을까요?"

⑤ 생각해 낸 말을 '내가 벗어난 고정관념' 활동지에 차례대로 기록하도록 한다.

⑥ '내가 벗어난 고정관념' 활동지 가운데에 칩 하나를 올려 두도록 한다. 내담자가 손가락으로 튕긴 칩이 한 가지 바뀐 생각이나 말을 가리키면서 멈추면, 멈춘 문장에 대해 생각한 후 떠오르는 장면이나 얼굴을 '내가 벗어난 고정관념' 활동지에 그림이나 색으로 표현하도록 한다.

⑦ '내가 벗어난 고정관념'에 머물렀을 때의 생각이나 느낌에 대해 이야기를 나누고, 내담자가 말한 '나를 가로막는 고정관념에서 벗어나기 위한 구체적인 방법'에 대해서도 다시 한번 정리해 본다.

- "나를 가로막는 고정관념에서 벗어나기 위해 할 수 있는 일은 무엇이 있을까요?"

- "나를 기분 나쁘게 만드는 고정관념에서 벗어나 긍정의 힘을 불어넣는 생각이나 말을 해 보니 기분이 어떤가요?"

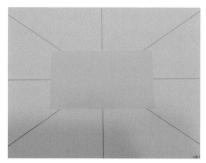 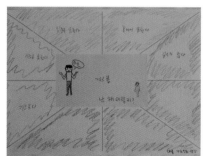

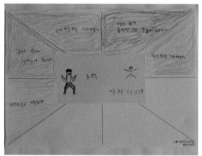

작업과정 및 결과물 예시

6) 적용 및 수정

● Aron T. Beck의 인지삼제를 충분히 고려하여 내담자가 헤어 나오지 못하는 나 자신에 관한 오류가 무엇인지 파악하는 것이 중요하다.

● 내담자가 아동인 경우에는 만든 활동지를 주고 집에 가져가도록 한다. 부정적인 생각이 떠오를 때 칩을 꺼내 튕겨 보면서 대체할 수 있는 말을 연습하도록 한다. 이때 부모에게 아동이 칩을 사용해서 대체할 수 있는 말을 연습하는 모습을 보이면 충분한 보상을 주는 것이 바람직하다는 것을 설명해 준다.

MEMO

8. 새로운 나를 소개해요

-긍정적 자기강화-

1) 준비물

도화지, 색연필 또는 매직펜, 문장완성 카드게임

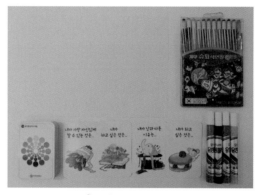

준비물 예시

2) 적용 대상 및 유형

아동, 청소년, 성인, 노인 / 개인, 집단

3) 적용 시기

중기, 후기

4) 목표

● 문장완성 카드게임을 통해 자신의 존재감에 대한 인식을 개선한다.
● 미래의 긍정적인 자기상을 갖게 한다.

5) 작업과정

① 자신이 달라지고 싶은 모습을 상상하고 지금과는 다른 나를 표현하도록 한
다. 특히 현재와 무엇이 다른지, 어떤 감정을 느끼고 있으며 어떤 생각을

하고 있는지에 대해 중점적으로 생각할 수 있도록 한다.

② 문장완성 카드게임을 활용하여 내담자가 떠올린 문장을 구체적으로 표현해 보도록 한다. 이때 문장완성 카드게임을 여러 차례 진행하면서 지금과는 다른 나를 표현하게 하고, 그 내용은 기록하도록 한다.

③ '지금과는 다른 나'를 표현한 여러 개의 문장 중 새로운 나를 소개할 수 있는 가장 마음에 드는 문장을 선택하도록 한다.

④ 선택한 문장을 연결하여 '새로운 나'를 소개하는 글을 완성해 보도록 한다.

⑤ 완성한 '새로운 나'를 보면서 어떤 느낌이 드는지에 대해 이야기를 나눈 후, '새로운 나' 소개글을 배경으로 하여 그 느낌을 그림으로 나타내도록 한다.

⑥ 내담자가 표현한 자신의 모습을 바라보는 느낌이 어떤지에 대해 이야기를 나눈다.

- "'새로운 나'를 바라보는 느낌이 어떻게 다른가요?"
- "자신이 모습이 어때 보이나요?"
- "현재의 나와 어떤 점이 다른가요?"
- "표현된 나는 어떤 생각을 하고 있나요?"
- "만약 바꾸고 싶은 점이 있다면 무엇인가요?"

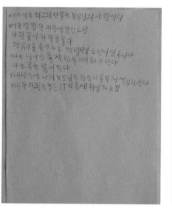
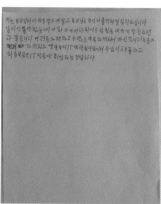
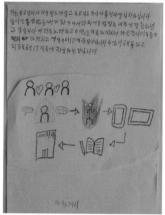

작업과정 및 결과물 예시

6) 적용 및 수정

- 미술작업이나 그에 수반되는 대화과정을 통해 심리적 재탄생을 촉진할 수 있도록 해야 한다. 그러므로 치료자는 내담자가 심리적 재탄생과정을 통해 현재의 나를 인정하고 더 나은 방향으로 발전할 수 있는 능력을 키우도록 작업이나 대화 과정에서 노력을 기울인다.

- 내담자가 아동인 경우에는 완성한 '새로운 나'의 소개글에 어울리는 포즈를 취하게 해서 이를 본뜬다. 이후 내담아동이 자신의 신체상을 보고 현재의 나와 다른 '새로운 나'를 꾸며 보도록 해도 좋다.

MEMO

9. 내게 말해 줘, 내 마음은 불꽃축제

-긍정적 자아인식-

1) 준비물

도화지, 크레파스, 스크래치할 수 있는 나무젓가락이나 긁기 도구, 색종이

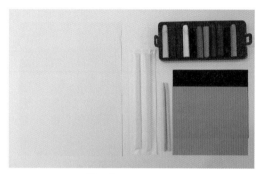

준비물 예시

2) 적용 대상 및 유형

아동, 청소년, 성인, 노인 / 개인, 집단

3) 적용 시기

후기

4) 목표

● 자기 자신에 대한 부정적인 인식을 개선한다.
● 자신에 대한 긍정적인 측면을 발견하여 자신을 좀 더 긍정적으로 평가할
수 있다.

5) 작업과정

① 내담자 자신이 좋아하지 않는 특징이나 부정적인 경험에 대해 이야기를 나
눈다.

② 자신에 대한 부정적인 개념을 종이에 적어 보도록 한다(예: 나는 나쁘다, 나는 잘하는 것이 하나도 없다, 나는 세상에 필요 없는 사람인 것 같다).

③ 이런 생각이 떠오르는 상황들을 구체적으로 적게 하거나 함께 이야기를 나눈다.

  - "자동적으로 떠오른 부정적인 이야기는 스스로 느꼈던 내용인가요?"
  - "그러한 생각이 떠오를 때의 감정은 어떤가요?"
  - "그러한 부정적인 생각이 떠오를 때 어떻게 대처하나요?"
  - "만약 자기비판에 빠져 있는 친구가 자신에게 부정적인 감정을 이야기한다면 어떤 말을 해 주고 싶은가요?"

④ 도화지 위에 여러 가지 색의 크레파스를 이용해 면을 분할해서 채색하도록 한 후, 채색된 전체 바탕을 검은색 크레파스로 다시 채색하도록 한다.

⑤ 검은색 크레파스로 채색된 도화지를 봤을 때 어떤 느낌이 드는지에 대해 이야기를 나눈 후, 스크래치 도구를 이용하여 부정적인 개념이 떠오르는 상황들을 그림이나 글로 표현해 보도록 한다.

⑥ 완성한 스크래치 그림을 감상한 후, 부정적인 개념의 상황들이 어떻게 느껴지는지에 대해 이야기를 나눈다.

  - "완성한 그림을 보고 난 느낌이 어떤가요?"
  - "스크래치 그림을 보고 나서도 부정적인 생각이 계속 드나요? 누군가에게 들었던 말 중에서 격려가 되었던 말이 있나요?"
  - "격려가 되었던 말이나 스크래치 그림을 보고 난 후의 느낌을 자신에게 말해 준다면 어떤 말을 해 주고 싶나요?"

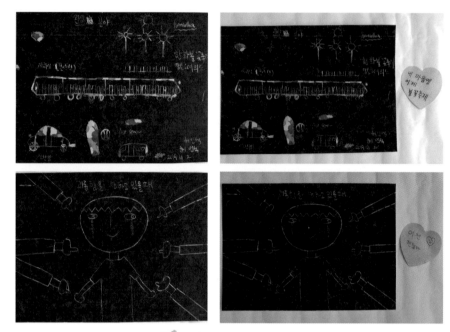

작업과정 및 결과물 예시

6) 적용 및 수정

● 자신에 대해 부정적인 생각이 들 때마다 스스로에게 긍정적인 말을 반복하도록 격려해 준다.

● 스크래치를 위해 채색하는 과정을 번거롭게 느낄 것 같거나 내담자의 나눔 과정에 좀 더 집중하고 싶다면 스크래치용 채색판을 활용할 수도 있다.

MEMO

10. 내가 주인공인 명화

-자기효능감 경험하기-

1) 준비물

명화, 도화지, 크레파스 또는 색연필, 연필, 지우개

준비물 예시

2) 적용 대상 및 유형

아동, 청소년, 성인, 노인 / 개인, 집단

3) 적용 시기

후기

4) 목표

● 자기에 대한 긍정적인 인식을 강화한다.

● '자신을 주인공으로 한 명화 재탄생'이라는 완성의 경험을 통해 자기효능감
  을 높인다.

5) 작업과정

① 자신을 주인공으로 한 명화 재탄생에 적합한 명화를 선정하도록 한다.

② 선정한 명화를 토대로 자신의 이야기를 어떻게 구성하고자 하는지 그 계획

에 대해 이야기를 나눈다. 이때 내담자가 가지고 있는 자기 상황이나 자기
인식에서 벗어나 새롭게 정립하고자 하는 자기인식의 내용에 대해서 충분
히 이야기를 나눈다.

　– "미래의 나에게 없어졌으면 하는 것과 기대하는 것은 무엇인가요?"

③ 계획한 그림과 스토리를 명화를 중심으로 표현하도록 한다. 재탄생한 명화
　와 스토리를 감상하면서 자신이 투사된 작품 속의 주인공은 누구인지, 미
　래의 나에 대한 느낌은 어떠한지 이야기를 나눈다.

　– "작품을 시작할 때의 계획과 그림이 완성되었을 때의 차이가 있나요? 있다면 결
　　과물에 내한 느낌은 어떠한가요?"

　– "어떤 장면이 마음에 들었나요? 그 이유는 무엇인가요?"

　– "작품 속의 나는 누구인가요?"

　– "미래의 나를 보면서 어떤 느낌이 드나요?"

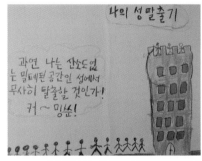
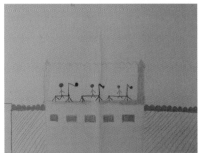

 작업과정 및 결과물 예시 1

작업과정 및 결과물 예시 2

6) 적용 및 수정

● 미래의 자신에 대해 긍정적인 인식을 할 수 있도록 격려한다.

● 작품을 완성하는 것에 대해 부담을 느낀다면 치료자와 번갈아 가면서 작품 장면을 완성해 보도록 하되, 이때 서로 내용에 대해 이야기를 나누지 않고 진행하며 앞의 장면을 보면서 다음에 이어질 장면을 상상하여 표현해 보도록 할 수도 있다.

자존감 향상을 위한 인지행동 미술치료 10회기 프로그램

단계	목표	회기	활동명	기대효과
1단계 (초기)	라포 형성 및 자기탐색	1	어린 시절의 '나' 만나기	• 내담자 자신에 대한 인식 및 구조화
		2	두아쥐	• 자기탐색 및 자기이해
2단계 (중기)	문제인식 및 긍정적 자아개념으로 전환하기	3	긍정의 말 확대하기	• 감정 인식 및 명명화, 문제에 대한 자신의 태도 인식
		4	중요한 사실을 담은 드레스카드	• 긍정적 자기대화, 대처능력 탐색
		5	달라서 소중한 존재	• 자신만의 장점을 찾고 사고 전환, 대처능력 탐색
		6	줄무늬 이제 안녕!!	• 자기만의 의견 표출, 생각 대체하기
		7	나는 할 수 있어	• 나를 가로막는 고정관념 버리기, 긍정적인 사고 대체하기
3단계 (후기)	긍정적 자존감 확립 및 자기효능감 향상	8	새로운 나를 소개해요	• 긍정적 자기강화
		9	내게 말해 줘, 내 마음은 불꽃축제	• 긍정적 자아인식
		10	내가 주인공인 명화	• 자기효능감 경험하기

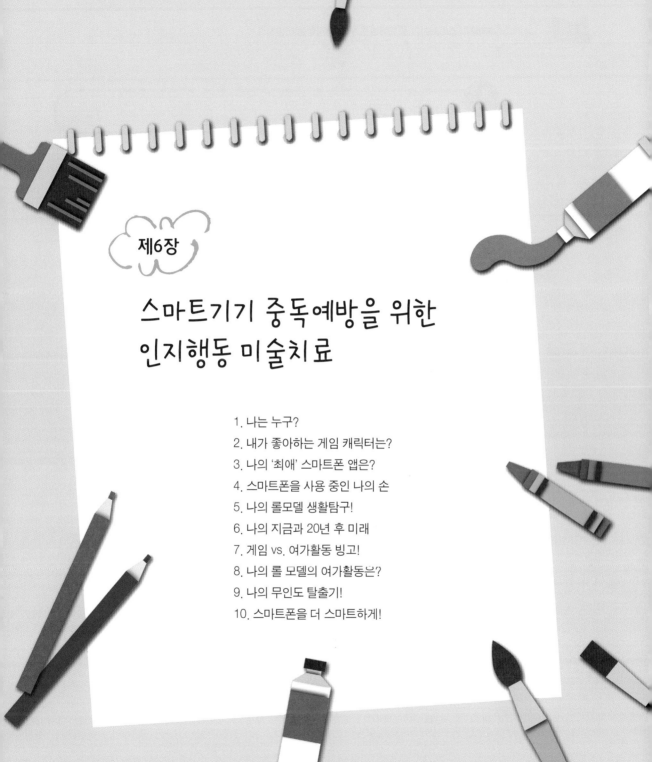

제6장

스마트기기 중독예방을 위한
인지행동 미술치료

1. 나는 누구?

2. 내가 좋아하는 게임 캐릭터는?

3. 나의 '최애' 스마트폰 앱은?

4. 스마트폰을 사용 중인 나의 손

5. 나의 롤모델 생활탐구!

6. 나의 지금과 20년 후 미래

7. 게임 vs. 여가활동 빙고!

8. 나의 롤 모델의 여가활동은?

9. 나의 무인도 탈출기!

10. 스마트폰을 더 스마트하게!

1. 나는 누구?

1) 준비물

도화지, 크레파스, 색연필, 사인펜 외에 내담자가 선호하는 그리기 도구

준비물 예시

2) 적용 대상 및 유형

아동, 청소년, 성인, 노인 / 개인, 집단

3) 적용 시기

초기

4) 목표

● 선호하는 스마트기기 및 게임 관련 정보를 습득한다.

● 여가활동 선호 여부에 대해 알 수 있다.

● 자연스럽게 라포 형성을 할 수 있는 계기를 마련한다.

5) 작업과정

① 치료자의 설명에 따라 좋아하는 그리기 도구로 도화지에 6분할하는 선을 그린다.

② 치료자가 불러 주는 여섯 가지 주제를 그림이나 글자로 표현해 본다.

   – 자신의 이름/좋아하는 음식/좋아하는 물건/좋아하는 앱/좋아하는 게임/ 좋아하는 여가활동

③ 내담자가 그림의 순서에 따라 자유롭게 자신을 소개하도록 한다.

④ 집단 회기의 경우에는 집단 구성원들의 소개를 모두 마친 뒤에 그림을 무작위로 고르게 하고, 좋아하는 것들의 특징적인 힌트를 들려준 후 누가 좋아하는 것인지 퀴즈를 내어 맞춰 보도록 한다.

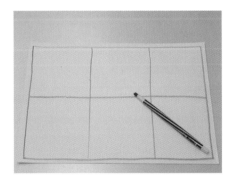 

작업과정 및 결과물 예시

6) 적용 및 수정

● 각 항목에 적절한 예시를 들어 함께 진행할 때 더욱 다양한 표현이 나올 수 있다.

● '1번은 이름, 2번은 좋아하는 음식'과 같은 식으로 각각의 그림에 번호를 매겨서 번호 순서대로 시작하는 것도 효율적이다.

● 각 회기에서 습득한 각각의 좋아하는 것에 대한 정보를 가지고 다음 회기로 연계하는 것이 용이하다.

2. 내가 좋아하는 게임 캐릭터는?

1) 준비물

A4 용지, 컬러점토 외에 내담자가 선호하는 조형도구

준비물 예시

2) 적용 대상 및 유형

아동, 청소년 / 개인, 소규모 집단(4인 이하)

3) 적용 시기

초기

4) 목표

- 선호하는 게임에 대한 정보를 습득한다.
- 특정 게임을 좋아하는 이유 및 동기에 대한 정보를 습득한다.
- 게임이야기를 통해 자연스럽게 라포 형성을 할 수 있는 계기를 마련한다.

5) 작업과정

① 조형매체를 가지고 내담자가 좋아하는 게임의 캐릭터를 만들어 보도록
　한다.

② 완성된 게임 캐릭터를 A4 용지 위에 올려놓고 캐릭터의 이름과 특징을 적
　어 보도록 한다.

③ 어떤 캐릭터를 만들었는지 내담자가 직접 소개하도록 한다.

④ 이 캐릭터를 좋아하는 이유가 무엇인지 이야기해 본다.

작업과정 및 결과물 예시

6) 적용 및 수정

● 만들기 작업을 자신 없어 하는 내담자에게는 필요한 도움을 주면서 진행
　한다.

● 게임 캐릭터의 사진을 출력하여 준비한 뒤에 진행하는 것도 효과적이다.

● 회기에서 습득한 정보들을 통해 내담자가 게임에서 얻고자 하는 심리적 보
　상에 대해 살펴보는 것은 다음 회기를 계획하는 데 용이하다.

3. 나의 '최애' 스마트폰 앱은?

1) 준비물

우드락, 자, 칼, 네임펜, 매직펜

🎨 준비물 예시

2) 적용 대상 및 유형

아동, 청소년 / 개인

3) 적용 시기

초기, 중기

4) 목표

● 선호하는 스마트폰 사용에 대한 정보를 습득한다.

● 특정 앱을 자주 사용하는 이유 및 동기에 대한 정보를 습득한다.

● 스마트폰 과다사용에 대한 문제점을 인지한다.

5) 작업과정

① 우드락에 내담자가 원하는 모양의 스마트폰을 그리게 한 뒤, 칼로 잘라 낸다.

② 그리기 도구로 선호하는 앱 및 전체적인 스마트폰의 외관을 그려 보도록
   한다.

③ 내담자가 직접 어떤 스마트폰을 만들었는지 소개하도록 한다.

④ 그림으로 표현된 앱을 자주 사용하는 이유가 무엇인지 이야기해 본다.

 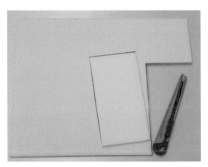

작업과정 및 결과물 예시

6) 적용 및 수정

● 스마트폰 모양을 잘라 낼 때 칼 사용은 위험하니 안전하게 할 수 있도록 진
  행한다.

● 스마트폰 앱 로고를 직접 보면서 따라 그리게 하는 것도 효과적이다.

● 회기에서 습득한 정보들을 통해 내담자가 자주 사용하는 앱에서 얻고자 하
  는 심리적 보상에 대해 살펴보는 것은 다음 회기를 계획하는 데 용이하다.

4. 스마트폰을 사용 중인 나의 손

1) 준비물

도화지, 크레파스, 색연필, 사인펜 외에 내담자가 선호하는 그리기 도구, 스마트폰(3회기에서 직접 만든 것)

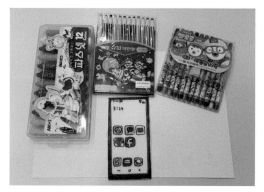

준비물 예시

2) 적용 대상 및 유형

아동, 청소년 / 개인, 집단

3) 적용 시기

중기

4) 목표

● 스마트폰 사용의 장단점을 살펴본다.

● 스마트폰 과다사용으로 인한 부작용을 인식하도록 한다.

● 자기조절의 중요성을 인식하도록 한다.

5) 작업과정

① 좋아하는 그리기 도구로 스마트폰을 잡고 있는 손을 본떠 본다.

② 그리기 도구로 자신의 손과 스마트폰을 자유롭게 꾸며 본다.

③ 왼쪽에는 스마트폰의 좋은 점을, 오른쪽에는 스마트폰의 나쁜 점을 적어
   보도록 한다.

④ 작품으로 표현된 스마트폰의 장단점을 소개하도록 한 뒤, 문제점에 대한
   대안을 함께 찾아본다.

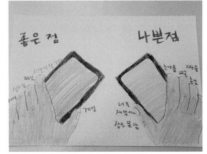

작업과정 및 결과물 예시

6) 적용 및 수정

● 세 번째 회기인 스마트폰 만들기와 연계하여 진행할 수 있다.

● 직접 만든 스마트폰이 없다면 실제 스마트폰을 들고 손 본뜨기를 진행할
   수 있다.

● 집단 회기의 경우에는 스마트폰 사용의 장단점을 이야기한 뒤에 집단 구성
   원들과 대안 찾기에 대한 가상의 토론을 연계하여 진행해 본다.

5. 나의 롤모델 생활탐구!

1) 준비물

도화지, 종이접시, 크레파스, 색연필, 사인펜 외에 내담자가 선호하는 그리기 도구

준비물 예시

2) 적용 대상 및 유형

아동, 청소년 / 개인, 집단

3) 적용 시기

중기

4) 목표

● 생활 속 스마트기기 사용 패턴의 문제점을 인식하도록 한다.

● 스마트기기 과몰입의 부작용을 인식하도록 한다.

● 자기조절의 중요성을 인식하도록 한다.

5) 작업과정

① 도화지의 반을 살짝 접어 가운데 선을 표시한다.

② 좋아하는 그리기 도구로 종이접시를 본떠 원을 그려 본다.

③ 왼쪽에는 자신의 생활계획표를, 오른쪽에는 자신의 롤모델의 생활계획표를 상상하여 그려 본다.

④ 작품으로 표현된 자신의 생활계획표를 소개하도록 한 뒤, 문제점을 살펴보고 개선 방안에 대해 이야기해 본다.

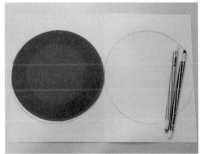

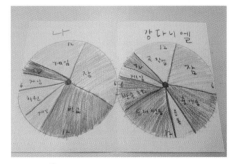

작업과정 및 결과물 예시

6) 적용 및 수정

● 스마트기기 과몰입을 하지 않는 실제 친구의 계획표를 만드는 것도 효과적이다.

● 집단 회기의 경우에는 집단 구성원들과 대안 찾기에 대한 가상의 토론을 연계하여 진행해 본다.

6. 나의 지금과 20년 후 미래

1) 준비물

도화지, 잡지, 가위, 풀, 색연필, 사인펜 외에 내담자가 선호하는 그리기 도구

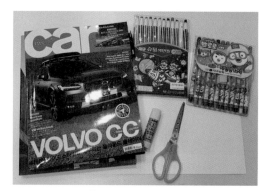

준비물 예시

2) 적용 대상 및 유형

아동, 청소년 / 개인, 집단

3) 적용 시기

중기

4) 목표

● 스마트기기 과몰입에 대한 부정적 결과를 인식하도록 한다.
● 스마트기기 과몰입에 대한 문제점을 발견하고 대안을 찾도록 한다.
● 앞으로 달라질 자신의 모습에 대해 희망과 동기를 불어넣는다.

5) 작업과정

① 20년 후에는 어떤 모습을 하고 있을지 미래에 되고 싶은 내 모습에 대해 이야기해 본다.

② 스마트기기에 과몰입 중인 지금의 모습과 20년 후 미래의 모습에 대해 콜라주 작업을 진행해 보도록 한다.

③ 작품으로 표현된 지금과, 되고 싶은 미래를 소개하도록 한다.

④ 작품에서 표현된 미래의 모습처럼 되려면 어떻게 해야 하는지에 대한 대안을 이야기해 본다.

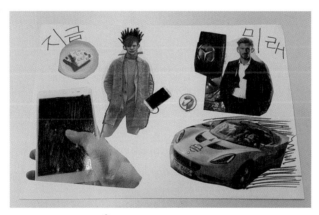

작업과정 및 결과물 예시

6) 적용 및 수정

● 되고 싶은 미래의 모습에서 부정적인 표현이 나왔을 때는 그것이 지금의 모습에서 비롯된 결과일 수 있다는 것을 인식시킨다.

● 되도록 작업 의도에 맞는 표현을 할 수 있는 잡지를 선정하여 콜라주 작업을 진행하도록 한다(예: 남자 청소년에게는 여성전문 잡지보다는 남성전문 잡지가 작업하는 데 더욱 용이하다).

7. 게임 vs. 여가활동 빙고!

1) 준비물

색도화지, 색연필, 사인펜 외에 내담자가 선호하는 그리기 도구

준비물 예시

2) 적용 대상 및 유형

아동, 청소년 / 개인, 집단

3) 적용 시기

중기, 후기

4) 목표

- 스마트기기 말고도 다른 재미있는 활동들이 많이 있음을 인식하도록 한다.
- 스마트기기 과몰입에 대한 대안활동을 찾아보도록 한다.
- 앞으로 달라질 자신의 모습에 대해 희망과 동기를 불어넣는다.

5) 작업과정

① 좋아하는 색의 도화지를 골라 하단의 5cm 정도를 접은 뒤, 가로와 세로가

다섯 칸으로 되어 있는 빙고 칸을 그려 본다.

② 먼저 게임에 대한 빙고게임을 하고 난 뒤, 동일한 방법으로 여가활동 빙고 게임을 신행해 본나.

③ 빙고게임 승자에 대한 보상을 하고 난 뒤, 가장 좋아하는 게임과 가장 좋아하는 여가활동 Best 5를 적어 소개하도록 한다.

④ Best 5 각각에 100점을 만점으로 하여 좋아하는 정도의 점수를 주게 한 뒤, 게임 점수와 여가활동 점수를 비교해 보도록 한다.

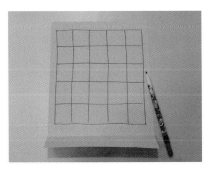
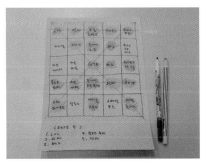

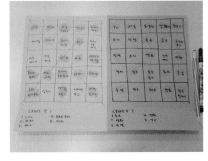

작업과정 및 결과물 예시

6) 적용 및 수정

● 여가활동의 단어적 의미를 명확히 전달한 후에 시작할 필요가 있다(예: 잠자기, 밥 먹기, TV 보기 등으로 국한되지 않도록 한다).

● 여가활동의 종류에 대한 예시를 다양하게 준비하는 것도 효과적이다.

● 각각의 항목에 점수를 줄 때 100점 안에서 점수를 배분하여 주도록 한다 (예: 줄넘기 10, 자전거 타기 30, 축구 20, 영화 보기 25, 독서 15).

8. 나의 롤모델의 여가활동은?

1) 준비물

8절 도화지, 잡지, 가위, 풀, 색연필, 사인펜 외에 내담자가 선호하는 그리기 도구

준비물 예시

2) 적용 대상 및 유형

아동, 청소년 / 개인, 집단

3) 적용 시기

중기

4) 목표

● 롤모델의 여가활동을 탐색하는 과정을 통해 스마트기기말고도 다양한 여가활동이 있음을 인식하도록 한다.
● 롤모델처럼 달라질 자신의 모습에 대해 희망과 동기를 불어넣는다.

5) 작업과정

① 자신이 선호하는 여가활동과 자신의 롤모델이 좋아할 만한 여가활동에 대해 이야기해 본다.

② 왼쪽에는 자신의 여가활동을, 오른쪽에는 자신의 롤모델의 여가활동을 콜라주 작업으로 표현해 보도록 한다.

③ 작품으로 표현된 자신의 여가활동과 롤모델의 여가활동을 소개하도록 한다.

④ 집단 회기의 경우에는 다른 집단 구성원들의 여가활동은 어떤 것들이 있는지 서로 살펴보도록 한다.

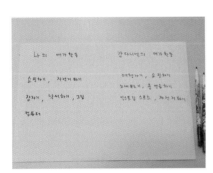

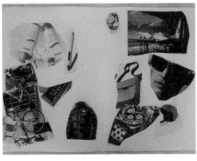

작업과정 및 결과물 예시

6) 적용 및 수정

- 여가활동의 단어적 의미를 명확히 전달한 후에 시작할 필요가 있다(예: 잠 자기, 밥 먹기, TV 보기 등으로 국한되지 않도록 한다).
- 여가활동의 종류에 대한 예시를 다양하게 준비하는 것도 효과적이다.
- 스마트기기에 과몰입하지 않는 실제 친구의 예를 드는 것도 효과적이다.
- 되도록 작업의 의도에 맞는 표현을 할 수 있는 잡지를 선정하여 콜라주 작 업을 진행하도록 한다(예: 남자 청소년에게는 여성전문 잡지보다는 남성전문 잡지가 작업하는 데 더욱 용이하다).

MEMO

9. 나의 무인도 탈출기!

1) 준비물

8절 도화지, 색도화지, 가위, 컬러점토, 색연필, 사인펜 외에 내담자가 선호
하는 그리기 도구

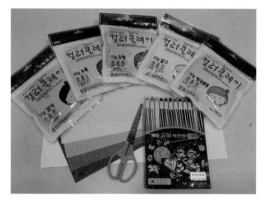

준비물 예시

2) 적용 대상 및 유형

아동, 청소년 / 개인, 집단

3) 적용 시기

후기

4) 목표

● 스마트기기 과몰입은 불필요하다는 것을 인식하도록 한다.

● 진짜 필요한 것이 무엇인지를 인식하도록 한다.

● 앞으로 달라질 자신의 모습에 대해 희망과 동기를 불어넣는다.

5) 작업과정

① 배가 풍랑을 만나 무인도에 표류하게 된 상황을 상상해 보고, 도화지에 무인도의 모습을 그려 본다.

② 무인도를 탈출할 배를 컬러점토로 자유롭게 만들어 본다.

③ 가지고 갈 것과 가지고 가지 않을 것을 각각 다섯 가지씩 적은 뒤, 가위로 잘라 그림에서 놓고 싶은 곳에 놓아둔다.

④ 가지고 갈 것과 가지고 가지 않을 것은 무엇인지 소개한 뒤, 각각을 분류한 이유에 대해 이야기를 나누어 본다.

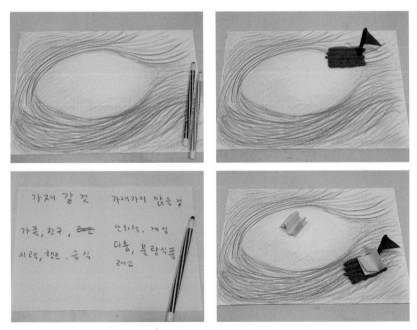

작업과정 및 결과물 예시

6) 적용 및 수정

● 가지고 갈 것과 가지고 가지 않을 것에 대한 분류가 적절히 이루어지도록 조언을 해 주면서 진행하는 것이 더욱 효과적이다.

10. 스마트폰을 더 스마트하게!

1) 준비물

색도화지, 가위, 색연필, 사인펜 외에 내담자가 선호하는 그리기 도구

준비물 예시

2) 적용 대상 및 유형

아동, 청소년 / 집단

3) 적용 시기

후기

4) 목표

- 스마트기기의 유용성을 인식하도록 한다.
- 올바른 스마트기기 사용법을 익힌다.

5) 작업과정

① 좋아하는 색도화지를 골라 각각 두 장의 동일한 크기의 카드를 만들도록 한다.

② 두 장의 카드 중 한 장은 적절한 스마트폰 사용의 예를 적은 '스마트카드' 를, 다른 한 장은 적절하지 않은 스마트폰 사용의 예를 적은 'NO스마트카드'를 만들어 본다.

③ 집단 구성원들이 만든 카드를 모두 모아 섞은 다음, 순서에 맞춰 한 장씩 뽑아서 나온 스마트폰 사용의 예에 대한 퀴즈를 내어 맞추기 게임을 진행해 본다.

④ 맞추기 게임을 마치고 나서 올바른 스마트폰 사용에 대한 생각들을 이야기한 뒤, 달라져야 할 스마트폰 사용에 대한 이야기를 나누어 본다.

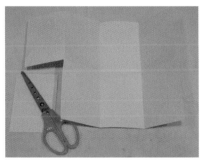

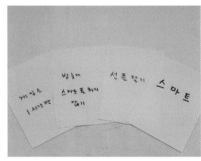

작업과정 및 결과물 예시

6) 적용 및 수정

● 퀴즈 내기 활동에서 언어를 사용하지 않는 '몸으로 말해요' 퀴즈를 내 보도록 하는 것도 효과적이다.

스마트기기 중독예방을 위한 인지행동 미술치료 10회기 프로그램

회기	활동명	준비물	활동 내용	기대효과
1	나는 누구?	도화지, 크레파스, 색연필, 사인펜	자연스러운 자기개방을 통한 라포 형성	라포 형성
2	내가 좋아하는 게임 캐릭터는?	A4 용지, 컬러점토	게임 캐릭터 만들기를 통한 자기표현	라포 형성 및 정보습득
3	나의 '최애' 스마트폰 앱은?	우드락, 자, 칼, 네임펜, 매직펜	스마트폰 만들기를 통한 자기표현	스마트폰 사용에 대한 정보습득 및 문제 인식
4	스마트폰을 사용 중인 나의 손	도화지, 크레파스, 색연필, 사인펜, 스마트폰(3회기에서 직접 만든 것)	스마트폰 사용에 대한 장단점 탐색	스마트폰 사용에 대한 문제 인식
5	나의 롤모델 생활탐구!	도화지, 종이접시, 크레파스, 색연필, 사인펜	생활 패턴의 문제점 발견 및 대안 찾기	문제 인식 및 대안 탐색

회기	활동명	준비물	활동 내용	기대효과
6	나의 지금과 20년 후 미래	도화지, 잡지, 가위, 풀, 색연필, 사인펜	문제 인식 및 긍정적인 방향성 찾기	과몰입으로 인한 부정적 결과 인식
7	게임 vs. 여가활동 빙고!	색도화지, 색연필, 사인펜	스마트기기 대안활동 찾기	문제 인식 및 대안활동 탐색
8	나와 롤모델의 여가활동은?	8절 도화지, 잡지, 가위, 풀, 색연필, 사인펜	스마트기기 대안활동 찾기	문제 인식 및 대안활동 탐색
9	나의 무인도 탈출기!	8절 도화지, 색도화지, 가위, 컬러점토, 색연필, 사인펜	문제점 발견 및 대안 찾기	문제 인식 및 대안 탐색
10	스마트폰을 더 스마트하게!	색도화지, 가위, 색연필, 사인펜	긍정적인 방향성 찾기	문제 인식 및 대안활동 탐색

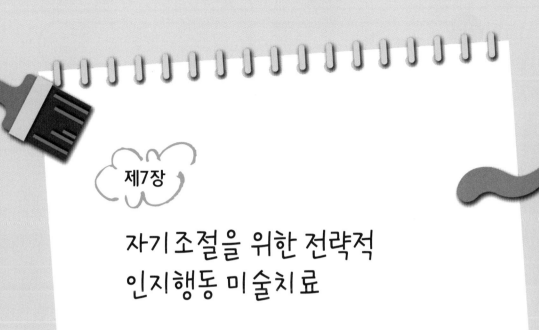

제7장

자기조절을 위한 전략적 인지행동 미술치료

1. Self 노트

1) 준비물

A4 색지, 실 또는 마사끈, 펀칭기, 색연필, 사인펜, 가위, 풀, 꾸미기 재료, 활동지 1 'Self 노트'

준비물 예시

2) 적용 대상 및 유형

아동, 청소년, 성인 / 개인, 집단

3) 적용 시기

초기, 중기

4) 목표

● 자기인식을 위한 준비를 돕고, 변화 가능성에 대한 희망을 갖는다.

● S.T.A.(Stop, Think Again, Act) 단계를 학습하고, 실천할 수 있도록 돕는다.

5) 작업과정

① 프로그램에 대해 소개한 후 S.T.A. 단계를 교육한다.

| Stop
멈추기 | → | Think Again
다시 생각하기 | → | Act
행동하기 |

② 준비된 활동지 1 'Self 노트'를 활용하여 만드는 책에 대한 의미와 앞으로의 활용 방향을 설명한다.

③ 책 만들기 재료를 탐색하고, 책의 겉표지를 꾸미면서 제목을 정해 준다.

④ 준비된 활동지 1 'Self 노트'와 꾸민 겉표지 두 장을 겹친 후, 일정한 간격을 두고 펀칭기로 4~5개의 구멍을 뚫는다.

⑤ 실 또는 마사끈을 구멍에 넣고 단단하게 고정시킨다.

⑥ 완성한 책 활용법을 설명하고, 직접 작성하여 연습해 볼 수 있도록 기회를 제공한다.

⑦ 나만의 Self 노트를 만들고 작성한 것에 대한 소감을 나눈다.

⑧ S.T.A. 단계를 복습하고 마무리한다.

작업과정 및 결과물 예시

6) 적용 및 수정

- 미니파일, 앨범, 노트 등 다양한 매체를 활용할 수 있다.
- 장기 프로그램 진행 시에 매 회기 과제물 또는 일기로 제공할 수 있다.

🎨 활동지 1 'Self 노트'

기록한 날		년 월 일 요일	날씨

• 언제 발생하였는가?

• 어디서 발생하였는가?

• 어떤 상황이었는가?

• 어떻게 말하고 행동하였는가?

• 그때 나의 감정은 어떠하였는가?

• 나의 감정 점수는?

0	10	20	30	40	50	60	70	80	90	100

2. 넘치지 않는 물감

1) 준비물

4절 도화지(두 장 이상), 다양한 색의 물감, 가위, 칼

준비물 예시

2) 적용 대상 및 유형

아동, 청소년, 성인 / 개인, 집단

3) 적용 시기

초기, 중기, 후기

4) 목표

● 미술매체를 활용하여 억압된 감정을 자유롭게 표현할 수 있도록 촉진한다.

● 데칼코마니 기법을 활용하여 자기조절능력을 기른다.

● 집중력을 향상시킨다.

5) 작업과정

① 데칼코마니 기법을 설명한다.

② 4절 도화지 한 장을 반으로 접는다.

③ 계속해서 같은 방식으로 도화지를 잘라 점점 작은 종이를 만든다(아래 그림 참조).

④ 가장 큰 종이를 시작으로 원하는 한쪽 면에 물감을 짜고 반으로 접는다.

⑤ 처음보다 작은 종이를 골라 한쪽 면에 물감을 짜고 반으로 접는다.

⑥ 계속해서 같은 방식으로 점점 작아지는 도화지의 한쪽 면에 물감을 짜고 데칼코마니를 진행한다.

⑦ 물감이 종이 밖으로 넘어가지 않게 진행할 수 있도록 돕는다. 실패 시에는 성공할 수 있도록 기회를 다시 제공한다.

⑧ 작업 후에는 소절하고 십중한 경험에 대해 이야기를 나눈다.

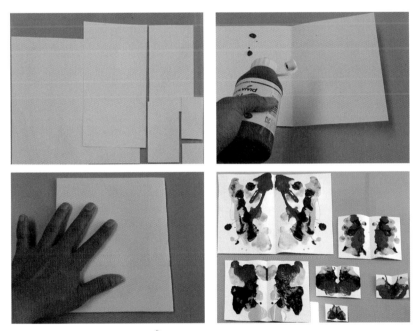

작업과정 및 결과물 예시

6) 적용 및 수정

● 연령이 어릴 경우에는 물약병에 물감을 넣어 양을 조절해 줄 수 있다.

● 작품에 제목을 붙이고, 작품에 대한 이야기를 더 나눌 수 있다.

3. 습관의 재발견

1) 준비물

실(바느질실), 막대기, 팔찌 고리, 펜치, 강력본드, 스카치테이프, 가위

준비물 예시

2) 적용 대상 및 유형

아동, 청소년, 성인 / 개인, 집단

3) 적용 시기

초기, 중기, 후기

4) 목표

- 현재 습관(반복적으로 하는 행동)에 대해 탐색하고, 매체를 활용하여 습관에 대한 특성을 파악한다.
- 좋은 습관을 인식하고 유지할 수 있도록 촉진한다.

5) 작업과정

① 나의 좋은 습관과 나쁜 습관에 대해 탐색해 본다.

② 좋은 습관을 인식하고 유지하고 있는 것에 대해 생각해 보고, 어떻게 습관

이 되었는지 생각해 본다.

③ 습관의 특성에 대한 생각을 나누고, 실을 막대기에 연결하여 서로 잡아당기며 실을 끊어 본다.

④ 한 줄, 두 줄 계속해서 실의 줄 수를 늘려 가며 막대기에 실을 감고 당겨 보도록 한다.

⑤ 실 매체를 활용하여 습관의 특성에 대해 알 수 있도록 돕는다.

   – 실을 한 번 감거나 두 번 감았을 때는 당기면 쉽게 끊어지지만, 횟수가 반복되면 실을 당겨도 끊어 내기가 어렵다.

   – 나쁜 습관은 반복하면 할수록 점점 고치기 어려워지고, 좋은 습관은 훈련할수록 강화되는 것에 대해 이야기를 나눈다.

⑥ 작업한 실을 활용하여 팔찌를 만들고, 습관에 대한 인식을 기억할 수 있도록 돕는다.

⑦ 작업을 통한 소감과 앞으로의 다짐을 나눈다.

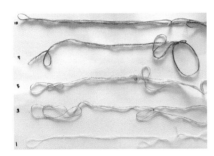

작업과정 및 결과물 예시

6) 적용 및 수정

● 처음 당겼을 때 쉽게 끊어질 수 있는 실을 준비해야 한다.

● 팔찌 외에 실을 활용한 다른 작품을 자유롭게 만들 수 있다.

● 색이 있는 실을 사용하거나 하얀 실에 원하는 색을 입힐 수 있다.

MEMO

4. 내 감정을 찾아라!

1) 준비물

A4 색지, 색연필, 사인펜, 매직펜, 가위, 풀, 꾸미기 재료, 활동지 2 '감정을 찾아라!'

준비물 예시

2) 적용 대상 및 유형

아동, 청소년, 성인 / 개인, 집단

3) 적용 시기

초기, 중기, 후기

4) 목표

● 다양한 감정에 대해 탐색하고, 자신의 감정을 파악한다.

● 감정에 따른 주변 환경과 마음상태를 점검하고, 현재 상태를 인식한다.

5) 작업과정

① 활동지 2 '감정을 찾아라!'를 활용하여 다양한 감정을 탐색한다.

② 탐색한 감정 중 평소 많이 느끼는 감정 단어에 색을 칠한다.

③ 색도화지를 카드 모양으로 잘라 앞의 작업에서 찾은 감정을 그림으로 표현한다.

④ 질문을 통해 언제 이러한 감정을 느끼는지 살펴보고, 색도화지 카드 뒷면
   에 정리하여 적는다.

질문 예시

- 평소 자주 느끼는 감정은 무엇인가요?
- 어떤 상황에서 이러한 감정이 느껴지나요?
- 이 감정을 느낄 때 신체에서는 어떤 변화가 나타나나요?
- 이 감정을 유지하고 싶은가요, 변화시키고 싶은가요?
- 그 이유는 무엇인가요?

⑤ 작업한 과정에 대한 소감을 나눈다.
⑥ 나의 감정에 관심을 가지고 주의를 기울인 소감을 나눈다.

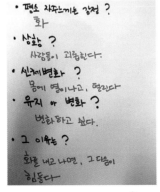

작업과정 및 결과물 예시

6) 적용 및 수정

● 활동지 2 '감정을 찾아라!' 빈칸에 감정을 직접 써넣을 수 있다.

● 긍정의 색, 부정의 색을 정하여 활동지 2 '감정을 찾아라!'에 채색할 수
  있다.

활동지 2 '감정을 찾아라!'

♥	사	랑	하	다		♥	측	은	하	다	♥	후
												회
화		좋	다	♥	포		흥	분	되	다		하
가	♥				근							다
나		반			하		두	렵	다			
다			갑		다							
				다		샘	나	다	♥	밉	다	
긴	장	되	다		♥							
					짜	증	나	다	♥	그	립	다
		신	나	다			♥					
즐							너			슬	프	다
	겁		놀				그					
무		다		라			럽					따
섭			♥		다		다		기			분
다		외	롭	다		♥			쁘			하
♥						우			다			다
안		행	복	하	다		울					♥
심								하				부
되		포	기	하	다	♥			다			끄
다			♥			좌	절	하	다		♥	럽
			실									다
당	황	하	다		망	♥	감	탄	하	다		
					하							
	♥	만	족	하	다		다	♥	감	사	하	다

5. 단단한 나

1) 준비물

풍선, 색지끈, 목공풀, 매직펜, 가위, 꾸미기 재료

🎨 준비물 예시

2) 적용 대상 및 유형

아동, 청소년, 성인 / 개인, 집단

3) 적용 시기

초기, 중기, 후기

4) 목표

부정적인 정서를 표현하고, 긍정적인 정서를 단단하게 만든다.

5) 작업과정

① 부정적인 정서에 대해 이야기를 나누고, 풍선을 반쯤 분 후 매직펜을 활용
   하여 글을 쓰거나 그림을 그려 표현한다.

② 변화하고 싶은 부정적인 정서를 어떤 긍정적인 정서로 바꾸어 명명하고 싶
   은지에 대해 이야기를 나눈다.

③ 명명한 정서를 새롭고 단단하게 만들 것을 제안하며 작업을 진행한다.

④ 목공풀을 풍선에 골고루 칠해 준다.

⑤ 색지끈을 활용하여 풍선을 여러 방향으로 감아 준다.

⑥ 목공풀이 마르면 부정적인 정서가 담긴 풍선을 터트린다.

⑦ 풍선을 빼고, 색지끈 공을 자유롭게 꾸민다.

⑧ 작품에 대한 소감을 나눈다.

작업과정 및 결과물 예시

6) 적용 및 수정

● 어린 아동은 접시에 목공풀을 짠 후 물을 약간 섞어서 색지끈에 직접 목공
  풀을 바를 수 있다.

● 목공풀이 마르는 데 시간이 걸리므로 얇게 펴 바르는 것이 좋다.

● 여러 개를 만들어서 모빌로 활용할 수 있다.

6. 내 마음의 창 I

1) 준비물

종이컵 2개, 색종이, 빨대, 연필, 지우개, 자, 색연필, 사인펜, 매직펜, 가위, 칼, 풀, 꾸미기 재료

준비물 예시

2) 적용 대상 및 유형

아동, 청소년 / 개인, 집단

3) 적용 시기

초기, 중기, 후기

4) 목표

● 상황에 따른 감정의 단계별 변화를 인식한다.

5) 작업과정

① 부정적인 감정이 나타나는 상황(예: 친구가 놀릴 때)에 대해 인식하고, 그 상황에서 느끼는 감정을 나눈다.

② 부정적인 감정이 나타나는 상황을 그림 또는 글로 표현하여 깃발을 만든다.

③ 상황에 따른 감정의 변화를 단계별로 나누어 본다.

④ 감정의 변화를 표현할 수 있는 감정 컵을 만든다(아래 만드는 방법 및 그림 참조).

⑤ 감정 변화를 4~5단계로 나누어 종이컵에 그려진 내 마음의 창에 그림으로
   표현해 본다.

⑥ 감정 컵을 돌리며 감정의 단계별 변화를 인식한다.

⑦ 작업에 대해 느낀 점을 나눈다.

감정 컵 만드는 방법(아래 그림 참조)

① 감정 컵에 4~5개의 칸이 생길 수 있도록 약 3~4cm 크기의 사각형을 그리고 구멍을 뚫
   어 감정 변화를 볼 수 있는 창을 만든다.

② 남은 종이컵에 구멍을 뚫은 컵을 끼워 감정을 단계별로 그릴 수 있는 칸을 만든다.

③ 그려진 칸 안에 감정의 변화를 단계별로 표현한다.

④ 2개의 종이컵을 합쳐 윗부분에 구멍을 뚫고, 만들어 놓은 깃발을 꽂는다.

⑤ 종이컵을 돌리며 감정 변화 단계를 확인할 수 있도록 한다.

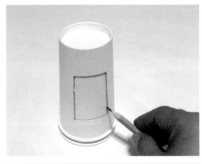
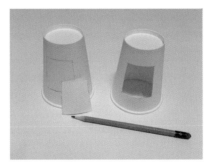
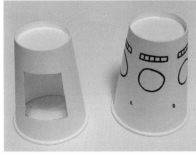

작업과정 및 결과물 예시

6) 적용 및 수정

- 작업시간과 아동의 연령을 고려하여 치료자가 미리 '작업과정 및 결과물 예시' 1번 그림(앞페이지 상단의 왼쪽 그림)을 준비해 둘 수 있다.
- '7. 내 마음의 창 II' 활동과 연결하여 진행할 수 있다.

MEMO

7. 내 마음의 창 II

1) 준비물

종이컵 3개, 색종이, 빨대, 연필, 지우개, 자, 색연필, 사인펜, 매직펜, 가위, 칼, 풀, 꾸미기 재료

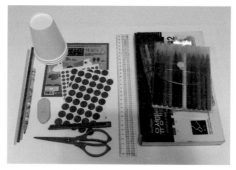

준비물 예시

2) 적용 대상 및 유형

아동, 청소년 / 개인, 집단

3) 적용 시기

초기, 중기, 후기

4) 목표

● 상황에 따른 감정의 단계별 변화를 인식한다.
● 감정 변화 단계에 따른 조절(해결)방법을 찾아본다.

5) 작업과정

① '6. 내 마음의 창' 작업과정 ①~⑤단계를 진행한다.
② 부정적인 감정이 나타나는 상황에서 감정 변화 단계에 따라 조절(해결)할

수 있는 방법을 구체적으로 정리해 본다(예: 1단계–3초 동안 심호흡하기, 2단
계–말로 표현해 보기, 3단계–잠시 자리를 피하기 등).

③ 감정 변화에 따른 단계를 표현한 것 아래에 감정 변화에 따른 단계별 조절
(해결)방법을 적는다.

④ 감정조절 컵을 돌리며, 감정의 단계별 변화 및 조절(해결)방법을 인식한다.

⑤ 작업에 대해 느낀 점을 나눈다.

감정조절(해결) 컵 만드는 방법(아래 그림 참조)

① '6. 내 마음의 창' 감정 컵 만드는 방법 ①~③단계를 진행한다.

② 조절(해결) 컵에 감정 컵을 끼워 사각형 모양을 따라 그려 구멍을 뚫고, 아래에 약 4×2cm
크기의 사각형을 그려 조절(해결)방법을 볼 수 있는 창을 만들어 구멍을 뚫는다.

③ 남은 종이컵에 조절(해결) 컵을 끼워 따라 그리며 4~5개의 칸이 나누어질 수 있도록 한다.

④ 아래에 그린 창에는 감정 변화에 따른 단계별 조절(해결)방법을 적는다.

⑤ 3개의 종이컵을 합쳐 윗부분에 구멍을 뚫고, 만들어 놓은 깃발을 꽂는다.

⑥ 종이컵을 돌리며 감정 변화 단계와 조절(해결)방법을 확인할 수 있도록 한다.

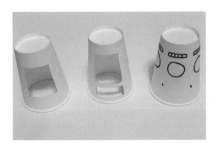

작업과정 및 결과물 예시

6) 적용 및 수정

- 작업시간과 아동의 연령을 고려하여 치료자가 미리 '작업과정 및 결과물 예시' 1번 그림(앞페이지 상단의 왼쪽 그림)을 준비해 둘 수 있다.
- '작업과정 및 결과물 예시' 3번 그림(앞페이지 하단의 왼쪽 그림)과 같이 감정 컵 만들기를 생략할 수 있다.

MEMO

8. 나는야, 조절 마스터

1) 준비물

색접시, 할핀, 색종이, 색연필, 사인펜, 매직펜, 가위, 풀

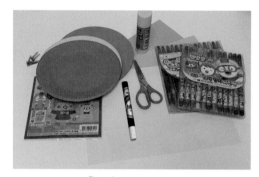

준비물 예시

2) 적용 대상 및 유형

아동, 청소년, 성인 / 개인, 집단

3) 적용 시기

초기, 중기, 후기

4) 목표

● 행동과 감정을 조절할 수 있는 방법을 살펴보고, 나만의 조절전략방법을 세운다.
● 실생활에 적용할 수 있도록 돕는다.

5) 작업과정

① 평소 조절하고 싶은 행동이나 감정에 대해 이야기한다(예: 화가 나는 내 마음).

② 행동과 감정을 조절했던 경험을 나누고, 조절방법에 대해 생각해 본다.

　(예: 상황 ➡ 내가 느끼는 감정, 이에 따른 나의 행동 ➡ 조절할 수 있는 행동)

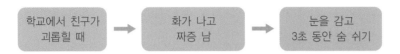

③ 색 접시에 칸을 나누어 다양한 조절방법을 그림과 글로 표현한다.

④ 색종이에 화살표 모양을 그려 가위로 오린다.

⑤ 작업한 색접시와 빈 접시, 가위로 오린 화살표 모양을 겹쳐 가운데에 할핀을 끼우고 회전할 수 있도록 만든다.

⑥ 완성한 작품을 치료자가 돌려서 내담자가 조절방법을 선택하고 적용해 본다.

⑦ 작업에 대한 소감을 나눈다.

작업과정 및 결과물 예시

6) 적용 및 수정

- 조절하는 방법에 대해 이야기하지 못할 경우에는 치료자가 예시를 줄 수 있다.
- 스피너 또는 전자룰렛 만들기 키트 등을 활용하여 작업에 대한 흥미를 높일 수 있다.
- 미리 다양한 감정조절방법을 알려 주고 선택하도록 할 수 있다(예: 눈을 감고 숨 쉬기, 화가 난 것을 말로 표현하기, 주먹을 쥐었다 폈다 하기, 공룡처럼 흉내 내며 소리 내기, 좋아하는 음악을 들으며 춤추기, 종이를 찢어 공 모양 만들기 등).

MEMO

9. 미로 탈출

1) 준비물

상자, 수수깡, 컬러점토, 구슬, 색종이, 이쑤시개(막대기), 목공풀, 사인펜, 유성매직, 가위, 칼

준비물 예시

2) 적용 대상 및 유형

아동, 청소년, 성인 / 개인, 집단

3) 적용 시기

초기, 중기, 후기

4) 목표

● 주의집중력을 키울 수 있는 시간을 제공한다.

● 조절해야 하는 과제에 대해 생각해 보고 전략을 세운다.

5) 작업과정

① 해결하고 싶은 문제(출발점)와 해결되었으면 하는 결과(도착점)를 설정하고, 깃발을 만들어 적는다.

② 이에 따른 해결방법을 탐색해 보고, 종이에 적는다.

③ 해결방법을 적은 종이를 수수깡에 붙인다.

④ 상자를 꾸미고 점토를 활용하여 출발점과 도착점을 만든 후, 미리 만들어 놓은 깃발을 꽂는다.

⑤ 수수깡을 상자에 붙이며 구슬이 지나갈 수 있는 나만의 길을 만든다.

⑥ 미로구슬놀이를 진행하며 목표에 도달하는 경험을 제공한다.

⑦ 미로구슬놀이를 활용한 조절경험에 대한 느낌을 나눈다.

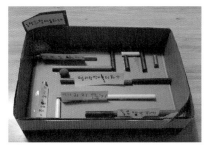

작업과정 및 결과물 예시

6) 적용 및 수정

● 작은 상자부터 시작하여 점차 상자의 크기를 늘려 가면서 미로구슬놀이에 자신감을 가지도록 도울 수 있다.

● 연령에 따라 수수깡 조각 개수를 조절할 수 있다.

● 상자 대신 폼보드, 두꺼운 도화지 등 다른 매체를 활용할 수 있다.

● 수수깡 대신 폼보드를 활용할 수 있다.

● 점토를 활용하여 구슬을 만들어 사용할 수 있다.

10. 마시멜로 탑

1) 준비물

스파게티 면, 마시멜로, 도화지

준비물 예시

2) 적용 대상 및 유형

아동, 청소년, 성인 / 개인, 집단

3) 적용 시기

중기, 후기

4) 목표

● 매체를 활용하여 자기조절전략을 세우고, 조절을 경험한다.

● 주의집중시간을 늘리고, 집중력을 향상시킨다.

● 성취감을 향상시키고, 자존감을 높인다.

5) 작업과정

① 매체를 탐색하고, 특성을 이해한다.

② 마시멜로에 스파게티 면을 꽂아 선과 면을 만들어 본다.

③ 스파게티 면의 특성을 이해한다.

④ 부러트리지 않고 탑을 쌓을 수 있는 전략을 세운다.

⑤ 자신이 세운 전략에 따라 탑을 만들어 본다.

⑥ 작업 후 완성된 탑에 대해 설명하고, 조절경험에 대해 이야기를 나눈다.

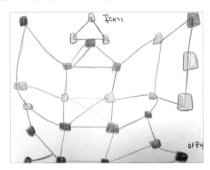

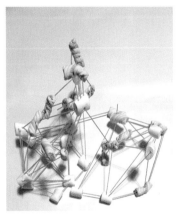

작업과정 및 결과물 예시

6) 적용 및 수정

● 스파게티 면이 부러지면 좌절감이 커질 수 있으므로 조절이 어려운 내담자
에게는 굵은 스파게티 면이나 짧게 자른 스파게티 면, 혹은 이쑤시개로 대
체할 수 있다.

● 마시멜로 대신 플레이콘을 사용할 수 있다.

● 시작 전 매체에 대한 특징을 설명해 준다.

● 집단에서 활용 시 집단 구성원들과의 협동에 초점을 맞출 수 있다.

11. 나를 지켜 주는 요정

1) 준비물

풍선, 깔때기(페트병), 밀가루, 매직펜, 털실, 가위, 꾸미기 재료

준비물 예시

2) 적용 대상 및 유형

아동, 청소년, 성인 / 개인, 집단

3) 적용 시기

초기, 중기, 후기

4) 목표

● 기분을 안정시킬 수 있는 물건을 만들고, 안정감을 가질 수 있도록 돕는다.
● 긍정적으로 변화한 나에 대해 자신감을 가진다.

5) 작업과정

① 나를 안정시켜 줄 수 있는 것들에 대해 이야기를 나누고, 나를 지켜 줄 물건을 만든다.
② 풍선을 한 번 불고 난 후에 깔때기를 끼운다.

③ 풍선 안에 밀가루가 들어갈 수 있도록 막대기로 밀어 넣어 준다(가루가 날 릴 수 있으니 숟가락으로 천천히 넣는다).

④ 손 안에 들어갈 만한 크기가 되었으면 풍선을 묶는다.

⑤ 다양한 매체를 활용하여 풍선을 꾸미고, 나만의 폭신한 공(인형)을 완성 한다.

⑥ 조절이 되지 않는 상황을 상상하며 완성 작품을 사용해 본다.

작업과정 및 결과물 예시

6) 적용 및 수정

● 밀가루 대신 녹말가루, 전분가루, 베이킹 소다 등 다양한 매체 활용이 가능하다.

● 어린 아동 혹은 조절이 어려운 아동의 경우에는 밀가루 반죽이나 천사점토를 넣어도 무방하다.

● 열쇠고리, 천 인형 등 다른 대체물을 사용할 수도 있다.

12. 전략 그래프

1) 준비물

도화지, 자, 색연필, 사인펜, 매직펜, 가위, 꾸미기 재료

준비물 예시

2) 적용 대상 및 유형

아동, 청소년, 성인 / 개인, 집단

3) 적용 시기

중기, 후기

4) 목표

● 미래에 대한 긍정적인 나의 이야기를 만들며 목표 및 전략을 세워 본다.

5) 작업과정

① 해결하고 싶은 과제를 떠올린 후, 변화하고 싶은 구체적인 목표를 설정한다.

② 그래프 그리는 방법을 미리 설명해 주고, 도화지에 그래프를 그린다.

   - 구체적으로 날짜를 작성하는 것이 중요하다(다음 페이지의 '작업과정 및

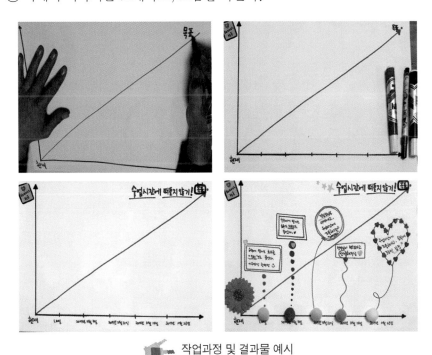

결과물 예시' 참조).

③ 현재를 시작으로 앞으로의 목표를 달성하기 위한 전략을 세운다.

④ 세운 전략을 그래프 위에 그림으로 표현하거나 글로 적어 본다.

⑤ 목표를 달성할 수 있도록 격려한다.

⑥ 미래의 이야기를 소개하고, 소감을 나눈다.

작업과정 및 결과물 예시

6) 적용 및 수정

● 입체매체를 활용한다면 작업의 흥미를 더욱 높일 수 있다.

자기조절을 위한 전략적 인지행동 미술치료 회기별 프로그램

단계	목표	회기	활동명	기대효과
1단계 (초기)	라포 형성 및 자기탐색	1	Self 노트	자신에 대한 인식 및 구조화
		2	넘치지 않는 물감	내면 표출 및 집중력 높이기
2단계 (중기)	문제행동과 상황에 대한 인식 및 긍정적 사고로 바꾸기	3	습관의 재발견	자기탐색 및 자기이해
		4	내 감정을 찾아라!	감정 인식 및 명명화
		5	단단한 나	감정 표출 및 긍정적 자아개념
3단계 (중·후기)	자기조절전략 세우기 및 교정된 자기조절 유지전략	6	내 마음의 창 I	자기수용 및 감정 변화 단계 인식
		7	내 마음의 창 II	감정 변화 단계에 따른 자기조절 전략 세우기
		8	나는야, 조절 마스터	자기조절전략 세우기 및 실천능력 향상
		9	미로 탈출	자기조절경험 및 주의집중력 향상
4단계 (후기)	자아존중감 향상 및 긍정적인 미래	10	마시멜로 탑	긍정적 자원 찾기 및 집중력 향상
		11	나를 지켜 주는 물건	성취감 향상 및 자아존중감 높이기
		12	전략 그래프	긍정적 자기인식 및 희망 고취

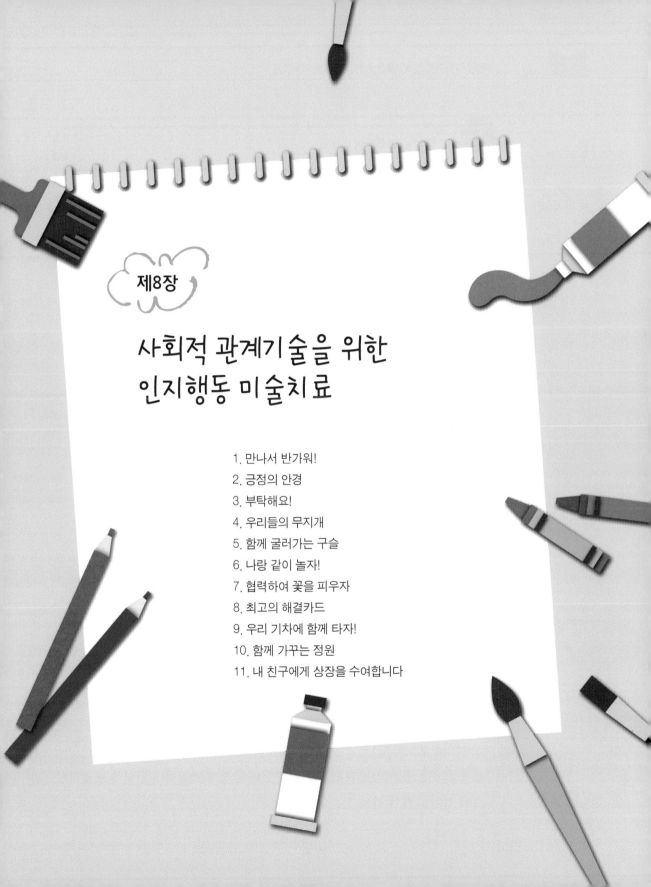

제8장

사회적 관계기술을 위한
인지행동 미술치료

1. 만나서 반가워!

1) 준비물

색도화지, 사인펜, 매직펜, 이미지카드, 포스트잇

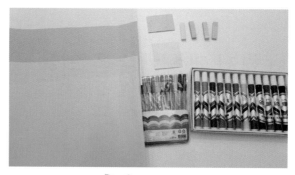

준비물 예시

2) 적용 대상 및 유형

유아, 아동, 청소년, 성인 / 개인, 집단

3) 적용 시기

초기

4) 목표

● 개별적 소개를 통하여 친밀감을 형성하고 참여동기를 유발할 수 있다.

5) 작업과정

① 사회적 관계 속에서 겪고 있는 개인적 어려움을 가장 잘 나타낸 상황을 이야기해 보도록 한다.

② 자신의 얼굴을 그린 후 친구들이 불렀던 긍정적 별칭이나 단어를 포스트잇에 적어 그림에 붙인다.

③ 친구들이 불러 준 별칭이나 단어 중에서 가장 마음에 드는 단어를 골라 자
  신의 별칭으로 선택한다.

④ 자신의 별칭을 꾸며 보도록 한다.

작업과정 및 결과물 예시

6) 적용 및 수정

● 이 기법은 집단 상황에서 더 유용할 수 있다.

● 집단 구성원에게 다른 집단 구성원들이 긍정적 별칭을 하나씩 정해 주도록
  하고, 그중에서 가장 마음에 드는 별칭으로 꾸미도록 할 수 있다.

2. 긍정의 안경

1) 준비물

친구들의 소지품, 긍정의 안경(플라스틱 장난감 안경), 셀로판지(파란색, 노란색, 초록색, 빨간색), 크레파스

준비물 예시

2) 적용 대상 및 유형

유아, 아동, 청소년 및 성인 / 집단

3) 적용 시기

초기

4) 목표

● 대인관계에서 타인을 바라보는 긍정적 시각을 증진시킴으로써 긍정적 사고를 증진시킬 수 있다.

5) 작업과정

① 파란색, 노란색, 초록색, 빨간색 셀로판지를 안경에 씌운 후 친구의 얼굴이나 사물이 어떻게 보이는지 이야기를 나누어 본다.

② 긍정의 안경에 대해 소개한다.

- "이 안경을 착용하는 순간 세상의 모든 것이 아름답고 좋게 보일 것입니다. 이 안경을 착용한 후 이 공간의 모든 사물이 어떻게 보이는지 이야기해 볼까요?"

③ 긍정의 안경을 모두 착용한 후 긍정의 안경에 대해 이야기를 나누어 본다.

- "이 안경을 착용하는 순간 세상의 모든 것의 좋은 점만 볼 수 있게 됩니다. 긍정의 안경을 착용하고 우리 집단 구성원에 대해 긍정적인 칭찬의 말을 해 봅시다."

④ 원으로 둘러앉아 집단 구성원들의 소지품을 모아 놓은 후 순서를 정한다.

- 소지품을 하나씩 선택한 후 소지품의 주인에게 칭찬을 해 준다.
- 칭찬을 들은 사람은 "당신의 칭찬으로 매우 행복합니다. 감사합니다."라고 말한 후 소지품을 받는다.

⑤ 상대방에게 칭찬을 받고 칭찬을 한 소감에 대해 이야기를 나누어 본다.

작업과정 및 결과물 예시

6) 적용 및 수정

● 유아나 아동의 경우에는 장난스러운 칭찬으로 분위기가 산만해지지 않도록 안경 착용 전 마법사의 역할을 하여 신비롭고 몰입될 수 있는 분위기를 연출하도록 한다.

● 부정의 안경을 낀 채로 시작하면서 부정의 안경을 벗는 순간 모든 세상이 긍정의 세상으로 변하는 콘셉트로 진행할 수도 있다.

3.   부탁해요!

1) 준비물

커다란 전지, 매직펜, 사인펜, (적용활동 시) 다양한 미니어처

준비물 예시

2) 적용 대상 및 유형

유아, 아동, 청소년, 성인 / 집단

3) 적용 시기

중기

4) 목표

● 사회적 관계 속에서 타인의 의견을 경청하고 의견을 수용할 수 있도록 한다.

5) 작업과정

① 집단 구성원들이 순서를 정하고 차례대로 전지에 그림을 그려 나간다. 단,
이전 그림에 덧붙여 그려지면 좋을 만한 그림을 그려야 한다(예: 첫 번째 집
단 구성원이 산을 그린다. 두 번째 집단 구성원은 "산에는 나무가 있어야 더 멋있
어."라고 말하며 나무를 그린다. 세 번째 집단 구성원은 "나무 밑에 꽃이 있으면
더욱 좋겠어."라고 말하며 꽃을 그린다).

② 자신의 차례에 그림을 그린 후 이전에 그림을 그린 집단 구성원과 상호작용한다.

- "너의 그림에 내가 ○○를 더 그려 주니 그림이 어떠니?" "너의 도움으로 내가 그린 ○○가 더 멋있어졌어. 고마워."

③ 모든 집단 구성원이 방법대로 그림을 그린 후 함께 완성한 작품을 보며 이야기를 꾸며 본다.

④ 함께 그림을 완성한 느낌에 대해 소감을 나누고, 도움을 주고받은 느낌에 대해 이야기를 나누어 본다.

- "하트에 날개가 있으면 더욱 예쁘겠어."
- "하트가 따뜻하게 햇님이 있으면 더욱 멋지겠어."

- "산에는 나무가 있으면 더욱 멋지지!"
- "친구가 한 명이면 심심할 거야. 친구가 필요해!"

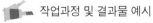 작업과정 및 결과물 예시

6) 적용 및 수정

● 다양한 주제에 맞추어 꾸며 볼 수 있다(겨울풍경, 놀이터 풍경 등). 그림을 그리기 어려운 유아들은 다양한 미니어처로 구성해 볼 수 있다.

4. 우리들의 무지개

1) 준비물

무지개가 그려진 종이(인원수만큼), 수채화 물감, 붓, 크레파스

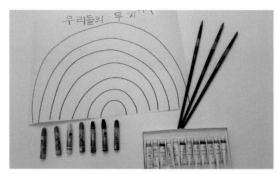

준비물 예시

2) 적용 대상 및 유형

유아, 아동, 청소년 / 집단

3) 적용 시기

중기

4) 목표

● 집단 안에서 부탁하고 도와주는 방법을 연습하여 사회적 상호작용의 기술을 향상시킬 수 있다.

5) 작업과정

① 사회적 관계 속에서 타인에게 부탁하거나 거절할 때 사용하는 언어를 포스트잇에 적어 본다.

② 일곱 가지 무지개 색이 담겨 있는 비밀상자에서 색을 하나씩 꺼낸 후 자신

의 색에 맞는 이름을 새롭게 지어 본다(예: 열정의 빨간색입니다, 긍정의 파란
색입니다, 밝음의 노란색입니다).

③ 우리들의 무지개를 만들 수 있는 방법에 대해 소개한다.

　　- 자신의 색 이외의 무지개 색을 만들기 위해서는 친구들에게 색을 나누
　　어 줄 수 있는지 부탁을 해야 하며, 부탁을 받은 친구는 거절 없이 반드
　　시 나누어 주어야 한다.

　　- "○○의 색인 노란색을 나에게 나눠 줄 수 있니?" "물론이지."

④ 집단 구성원들끼리 자유롭게 부탁하고 부탁을 들어주며, 자신의 무지개를
완성해 나간다.

⑤ 완성된 무지개를 보며 서로의 느낌에 대해 이야기를 나누어 본다.

⑥ 집단 구성원이 완성한 각자의 무지개를 전시하여 무지개 동산을 구성해
본다.

　　　　작업과정 및 결과물 예시

6) 적용 및 수정

● 물감을 사용하여 색의 혼합을 통한 무지개 색 만들기로 진행할 수 있다.

● 색이 섞여 가는 과정을 지켜보며 공동체의 역동을 경험할 수 있다.

5. 함께 굴러가는 구슬

1) 준비물

바구니 또는 상자, 구슬(집단 구성원 수만큼), 물감

준비물 예시

2) 적용 대상 및 유형

유아, 아동 / 집단

3) 적용 시기

중기

4) 목표

● 집단 속에서 규칙을 지키며 함께하는 즐거움을 경험하고, 타인에게 관심을 갖고 경청의 기술을 향상시킬 수 있다.

5) 작업과정

① 집단 구성원이 각각 구슬을 하나씩 나누어 갖는다.

② 물감의 다양한 색 중에서 원하는 색을 하나씩 선택하도록 한다.

③ 아무런 규칙이나 순서 없이 상자 속에서 구슬을 굴려 본다(구슬이 바닥에 떨

어지거나 집단 구성원 간에 언쟁이 일어날 수도 있다).

④ 혼돈 없이 구슬 굴리기를 할 수 있는 방법에 대해 이야기를 나눈 후 규칙에 따라 구슬 굴리기를 다시 시도해 본다(예: 집단 구성원들이 순서를 정하고 순서대로 굴리기, 상자를 모두 함께 들고 굴리다가 멈춤 신호에 맞춰 멈추기, 자신의 색을 혼자 굴리다가 집단 구성원인 친구의 색을 함께 굴리기).

⑤ 규칙 없이 구슬 굴리기를 할 때와 다양한 규칙에 따라 구슬 굴리기를 해 본 소감에 대해 이야기를 나누어 본다.

작업과정 및 결과물 예시

6) 적용 및 수정

● 자기조절능력을 향상시키고 실패할 확률을 줄이기 위해 상자의 높이가 높은 것을 선택해야 구슬이 상자에서 잘 구를 수 있다.

6. 나랑 같이 놀자!

1) 준비물

Marie Hall Ets의 동화『나랑 같이 놀자』, 활동지, 미니어처

준비물 예시

2) 적용 대상 및 유형

유아, 아동 / 집단

3) 적용 시기

중기

4) 목표

● 공동체 안에서 또래들에게 다가갈 수 있는 효율적인 방법을 연습하고, 타인의 입장에서 상황을 이해하는 능력을 기를 수 있다.

5) 작업과정

① 동화『나랑 같이 놀자』를 함께 읽은 후 이야기를 나누어 본다.

-『나랑 같이 놀자』의 줄거리는 다음과 같다.

- "쪼그만 여자아이가 혼자서 들판에 놀러 나왔다가 동물 친구들과 함께 놀게 되기까지의 과정을 이야기하고 있어요. 메뚜기를 발견한 아이는 '나랑 놀래?'라고 물어요. 하지만 메뚜기는 톡톡 뛰어 달아나 버려요. 개구리에게도 다가가고 다람쥐에게도 다가가 보지만 모두들 아이를 피해 도망을 가요. 누구랑 같이 놀고 싶은 마음이 간절한데 아무도 놀아 주지 않는 외톨이 꼬마의 쓸쓸함을 표현하고 있으며, 마지막 장에서는 여자아이와 숲 속 동물들이 함께 친구가 되는 따뜻한 이야기예요."

② 동화 속의 역할을 정하여 역할극을 해 본다.

- 여자아이 역할과 등장하는 동물들의 역할을 정한다.
- 여자아이 역할: 친구들의 상황을 살피지 않고 갑자기 바짝 다가가서 큰 소리로 "나랑 같이 놀자."라며 손을 잡아 이끈다.
- 동물 역할: (깜짝 놀라며) "너랑 같이 안 놀아."라며 자리를 피한다.

③ 역할극을 해 본 소감에 대해 이야기를 나누어 본다.

④ 활동지를 활용하여 친구에게 다가갈 수 있는 방법에 대해 함께 이야기를 나누어 본다(예: 멈추기-친구들의 상황을 살펴본다/살피기-서서히 다가간다/행동하기-"참 재미있는 놀이를 하고 있구나. 나도 너희들과 함께 놀고 싶은데 함께 놀 수 있을까?")

⑤ 함께해 본 소감에 대해 이야기를 나누고, 새롭게 알게 된 사실에 대해 이야기를 나누어 본다.

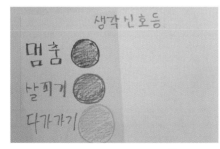

작업과정 및 결과물 예시

6) 적용 및 수정

● 미술활동시간에 역할극에 필요한 배경과 역할머리띠를 함께 만들어 활용할 수 있다. 글쓰기가 어려운 유아들은 그림으로 표현할 수 있도록 한다.

7. 협력하여 꽃을 피우자

1) 준비물

종이컵, 고무줄, 명찰 끈, 그리기 도구(사인펜, 크레파스, 매직펜 등)

🎨 준비물 예시

2) 적용 대상 및 유형

유아, 아동, 청소년, 성인 / 집단

3) 적용 시기

중기

4) 목표

● 종이컵을 활용한 협력놀이를 통해 자기조절능력을 기른다.

● 미술매체를 활용하여 자유롭게 표현할 수 있도록 촉진한다.

5) 작업과정

① 고무줄에 명찰 끈을 집단 구성원 수만큼 끼워 종이컵 10개와 함께 나눠 준다.

② 각자 줄을 잡고 고무줄을 벌려 컵을 잡은 후 옮겨 쌓는다.

③ 종이컵을 쌓다가 쓰러진 경우에는 쓰러진 자리에 세워서 다시 한다.

④ 여러 개의 컵을 한번에 옮길 수는 없다. 하나씩 옮기도록 한다.

⑤ 모아 놓은 컵이 쓰러지면 손으로 다시 세운다.

⑥ 종이컵 쌓기게임을 한 후 느낀 점에 대해 이야기를 나눈다(어려웠던 점, 좋았던 점 등).

⑦ 쌓기게임을 했던 종이컵으로 집단 구성원들이 자유롭게 자신만의 꽃을 만든다.

⑧ 집단 구성원이 만든 꽃을 하나로 모아 놓고 함께 바라보며 떠오르는 느낌에 대해 이야기를 나눈다. 이때 치료자는 집단 구성원 각자가 조절하고 협력하여 꽃을 피웠다는 것의 의미를 전달해 준다.

작업과정 및 결과물 예시

6) 적용 및 수정

● 치료자와 내담자가 개인치료로 활용 시에는 고무줄에 명찰 끈 4개를 걸어 한 사람이 2개의 줄을 잡아 진행할 수 있다. 이때 컵은 스피드스태킹 기술처럼 쌓을 수 있다.

8. 최고의 해결카드

1) 준비물

James Bluent의 『해결책』, 색도화지, 가위, 그리기 도구(크레파스, 네임펜, 사인펜)

준비물 예시

2) 적용 대상 및 유형

아동, 청소년, 성인 / 집단

3) 적용 시기

중기

4) 목표

● 공동체 안에서 발생할 수 있는 다양한 갈등 상황에서 느낀 부정적 감정을 직시하고, 이러한 상황에서 긍정적 관계를 위해 실천할 수 있는 사고기법을 익히고 실행할 수 있다.

5) 작업과정

① 내담자가 대인관계 속에서 걱정하는 것에 대해 이야기해 본다.

   – "어떤 감정이 들었나요?" "어떻게 행동했나요?"

   – 행동에 따른 결과도 예측하여 이야기하거나 써 보도록 한다.

② 대인관계 속에서 경험했던 갈등 상황에 대해 이야기를 나눈다.

③ James Bluent의 『해결책』을 보여 주며 이 책 안에 모든 해결책이 들어가 있음을 이야기한 후 함께 펼쳐 본다.

④ 다양한 상황에 대한 해결책 내용을 적어서 자신만의 해결카드를 만들어 본다.

⑤ 최고의 해결책에 따라 갈등 상황을 해결한 뒤의 자신의 감정을 그림으로 그려 보고 감정을 이야기해 본다.

⑥ 앞으로도 일어날 수 있는 갈등 상황에서 최고의 해결카드에 적힌 비법을 활용할 수 있음을 이야기하고, 자신만의 비법으로 간직할 수 있도록 이야기를 나눈다.

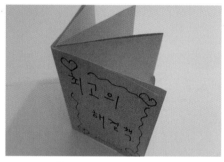

작업과정 및 결과물 예시

6) 적용 및 수정

● 해결책을 펼칠 때는 신비스러운 분위기를 연출하며 신중히 펼치도록 한다.

● 집단치료나 가족치료에도 활용할 수 있다.

MEMO

9. 우리 기차에 함께 타자!

1) 준비물

John Burningham의 동화『야, 우리 기차에서 내려!』, 신문지, 색종이, 크레파스

🎨 준비물 예시

2) 적용 대상 및 유형

유아, 아동 / 집단

3) 적용 시기

후기

4) 목표

● 공동체 안에서 목표를 설정하고 함께 이루어 가는 즐거움을 경험함으로써 사회적 관계기술을 향상시킬 수 있다.

5) 작업과정

① 동화『야, 우리 기차에서 내려!』를 함께 읽은 후 이야기를 나누어 본다.
　－『야, 우리 기차에서 내려!』의 줄거리는 다음과 같다.
　－ "기차놀이와 동물인형을 좋아하는 남자아이가 꿈속에서 멸종되어 가는 동물들을

만나게 되는 이야기예요. 날씨와 계절이 바뀔 때마다 생존을 위협당하는 동물들이 나타나요. 그때마다 남자아이는 '야, 우리 기차에서 내려!'라고 말하는데, 동물들은 '제발, 나도 기차에 태워 줘!'라고 부탁해요. 부탁하는 동물들을 모두 태우고 기차여행을 마친 아이는 꿈에서 깨어나요."

 — "동물들을 기차에 태워 주지 않았다면 어떤 느낌이었을까요?"

② 신문지를 활용하여 함께 기차 모양으로 길게 만들어 벽에 붙인 후 기차의 이름과 목적지를 적어 본다.

 — "우리 우정호 열차는 잠시 후 출발 예정이며 우정호의 목적지는 사랑마을입니다."

③ 색종이에 자신의 모습을 그려 본다.

④ 집단 구성원들이 역할을 정하여 역할극을 진행한다.

 — 요청하는 역할: "나를 기차에 태워 주세요."

 — 거절하는 역할: "절대 기차에 태워 줄 수 없어."

 — 중재하는 역할: "~하니까 친구를 기차에 함께 태워 주자."

⑤ 모든 집단 구성원이 앞의 세 가지 역할을 경험해 볼 수 있도록 역할을 진행한다(각 역할에 맞는 언어적 표현을 익힐 수 있도록 한다).

⑥ 역할극을 해 본 느낌과 집단 구성원이 함께 탑승한 기차의 모습을 보고 느낀 점에 대해 이야기를 나누어 본다.

작업과정 및 결과물 예시

6) 적용 및 수정

● 연령에 따라 상자를 활용하여 기차 모형을 만든 후 실제 기차놀이처럼 진행할 수도 있다.

10. 함께 가꾸는 정원

1) 준비물

미니화분(개인당 1개), 흙, 나뭇가지, 꽃잎 등의 자연물

준비물 예시

2) 적용 대상 및 유형

유아, 아동, 청소년 및 성인 / 개인, 집단

3) 적용 시기

중기 혹은 후기

4) 목표

● 건강한 자아상을 확립하고 집단 속에서의 화합과 조화로움을 경험함으로써 대인관계 속에서의 상호작용을 촉진할 수 있다.

5) 작업과정

① 시든 화분 속 식물의 사진자료를 제시하며 어떻게 보이는지 말해 본다. 혹시 자신이 시든 화분처럼 느껴지는 상황은 없었는지 함께 이야기를 나누어 본다.

  – "그럴 때 어떠한 감정을 느꼈나요?"

  – "그렇게 느낀 이유는 무엇일까요?"

② 특별한 흙에 대해 소개한다.

  – "이 흙은 이 세상에서 가장 비옥한 흙입니다. 시들어 가는 식물도 이 흙에 심기만 하면 세상에서 가장 건강하고 아름답게 자라게 된답니다."

③ 흙을 펼친 후 다양한 방법으로 탐색하고 서로 이야기를 나누어 본다.

  – "냄새는 어떠한가요?" "색은 어떠한가요?" "여기에는 어떤 식물이 자랄 수 있을까요?"

④ 개인별로 미니화분에 적당량의 흙을 넣어서 건강하게 키우고 싶은 나만의 식물을 만들어 본다.

⑤ 완성된 식물에 이름을 지어 주고 각자 자신만의 식물을 소개하면 집단 구성원들은 격려의 말을 해 준다.

  – "건강한 흙 속의 식물이 어떻게 보이나요?"

  – "이 식물이 어떻게 성장할까요?"

⑥ 아름다운 정원 사진을 책상위에 펼쳐 놓으며 자신의 화분이 어느 곳에 위치하면 잘 어울릴지 정한 후 놓아 본다.

⑦ 자신의 식물이 홀로 있는 때와 아름다운 정원 속에 있을 때의 모습이 어떠한지에 대해 이야기를 나누어 본다.

함께 만드는 정원

 작업과정 및 결과물 예시

6) 적용 및 수정

● 아름다운 정원 사진이 없을 때는 집단 구성원들과 전지에 아름다운 정원을
함께 그린 후 화분을 구성해 볼 수 있다.

MEMO

11. 내 친구에게 상장을 수여합니다

1) 준비물

도화지, 그리기 도구, 프린트한 상장, 꾸미기 재료(반짝이, 리본끈, 폼폼이 등)

준비물 예시

2) 적용 대상 및 유형

유아, 아동, 청소년, 성인 / 개인, 집단

3) 적용 시기

후기

4) 목표

● 작품 전시를 통해 변화된 인지를 인식하고 긍정적인 행동 변화에 대해 용기를 가지며, 서로 격려하는 과정을 통하여 공동체의 힘을 느낄 수 있다.

5) 작업과정

① 회기 중 만들어 낸 작품들을 전시하며 활동 상황에서 느낀 점과 긍정적으로 변화된 점에 대해 이야기를 나누어 본다.

② 제비뽑기를 통해 뽑힌 친구의 작품을 선택하여 상장을 만들어 본다.
- 친구의 작품을 선택하여 칭찬할 점을 찾고, 칭찬할 만한 이유를 근거로 상장을 만들어 본다.
③ 다양한 꾸미기 재료를 활용하여 상장을 창의적으로 구성해 본다.
④ 차례대로 상장 수여식을 하며 서로 격려해 준다.
- 다른 집단 구성원들의 상장에 하트 모양 스티커를 붙여 주며 서로 격려해 준다.
⑤ 하트 스티커가 붙은 자신의 상장을 보며 느낀 점에 대해 이야기를 나누어 본다.

작업과정 및 결과물 예시

6) 적용 및 수정
● '나에게 상장을 수여합니다'로 변형하여 스스로에게 칭찬하는 기회를 줄 수도 있다.

사회적 관계기술을 위한 인지행동 미술치료 회기별 프로그램

단계	목표	회기	활동명	기대효과
1단계 (초기)	프로그램 소개 및 친밀감 형성	1	만나서 반가워!	공동체 안에서 친밀감 형성 및 참여동기 유발 향상
		2	긍정의 안경	자동적 사고 점검 및 긍정적 사고로의 전환
2단계 (중기)	역기능적 인지행동의 탐색 및 재구성	3	부탁해요!	집단 간 응집력 향상
		4	우리들의 무지개	시각화와 언어적 표현을 통한 집단 간 협응력 경험
		5	함께 굴러가는 구슬	집단의 역동적 관계 속에서 자기조절능력을 통한 협응력 향상
		6	나랑 같이 놀자!	사회적 상호작용을 위한 언어적 표현 향상
		7	협력하여 꽃을 피우자	공동작업을 통한 집단별 협응력 향상
		8	최고의 해결카드	긍정적 관계를 위한 실천능력 향상
3단계 (후기)	새로운 인지행동 유지전략	9	우리 기차에 함께 타자!	다양한 사회적 상호작용을 통한 이해와 소통의 경험
		10	함께 가꾸는 정원	시각적 매체를 통한 건강한 집단의 응집력 통찰의 경험
		11	내 친구에게 상장을 수여합니다	작품 전시를 통해 변화된 인지를 인식하고, 긍정적인 행동 변화에 대해 격려하기

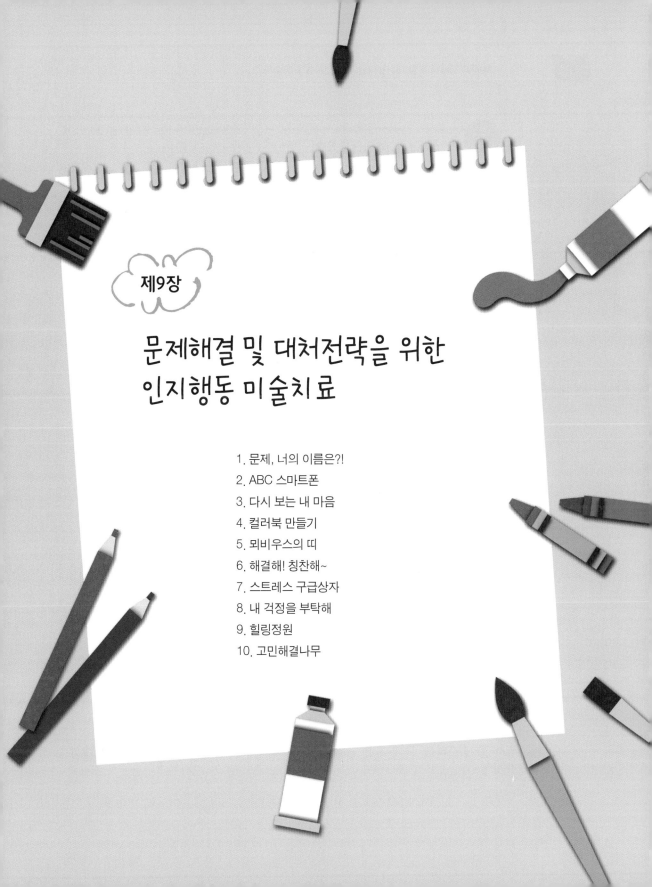

제9장

문제해결 및 대처전략을 위한 인지행동 미술치료

1. 문제, 너의 이름은?!

1) 준비물

도화지, 사인펜, 색연필 등 내담자가 원하는 그리기 도구

준비물 예시

2) 적용 대상 및 유형

아동, 청소년, 성인 / 개인, 집단

3) 적용 시기

초기, 중기

4) 목표

● 문제라고 여기고 있는 증상에 대한 자신의 인식·태도·감정을 명확히 인식할 수 있다.

5) 작업과정

① 호소하는 문제 혹은 증상에 대해 자신이 어떤 경험을 하고 있는지 대화를 나눈다.

– "그 문제가 당신에게 어떤 영향을 미치나요?" "그 증상은 어떨 때 나타나나요?" "증

상이 나타나면 당신은 어떻게 하나요?"

② 자신의 문제나 증상에 이름을 붙일 수 있도록 질문하며 대화를 나눈다.

 – "그 진단명에 대해서 당신은 어떻게 생각하나요?" "그 증상에 대해 당신은 뭐라고
 부르고 싶나요?"

③ 자신의 문제나 증상에 대해 부르고 싶은 이름으로 부르고 자유롭게 그림으
 로 표현하도록 한다.

작업과정 및 결과물 예시

6) 적용 및 수정

● 내담자가 스스로 문제에서 분리시킬 수 있다는 것에 초점을 두고, 자신과
 문제를 분리하여 인식할 수 있도록 충분한 대화를 이끌어야 한다.

● 구체적인 상황으로 표현하기 어려울 경우에는 색이나 상징으로도 표현할
 수 있도록 격려한다.

● 점토를 이용하여 입체작업으로 표현해 볼 수 있다.

● 잡지나 기타 콜라주 재료로 표현할 수 있다.

2. ABC 스마트폰

1) 준비물

상자, 칼, 도화지, 색연필, 사인펜 등

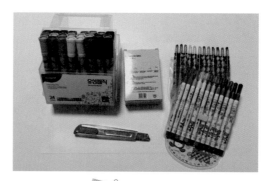

✿✿✿ 준비물 예시

2) 적용 대상 및 유형

아동, 청소년, 성인 / 개인, 집단, 가족

3) 적용 시기

초기, 중기

4) 목표

● 내담자의 불안, 두려움, 공포심의 완화를 돕는다.
● 자신의 불안과 공포심을 통제해 보는 경험을 하도록 돕는다.

5) 작업과정

① 상자의 중앙을 칼로 오려 내어 스마트폰을 만든다.
② 그림 A: 내담자가 두려워하거나 불안해하는 상황들을 종이에 그린다.
③ 그림 B: 다른 종이에 내가 두려워하는 상황이 좀 더 편안한 분위기가 되거

나 재미있는 상황으로 변형된 그림을 그린다.

④ 그림 C: 또 다른 종이에는 내가 두려워하는 일들이 일어났을 때 대처할 수 있는 상황을 표현한다.

⑤ 상자로 만든 스마트폰에 그림 A, B, C를 끼운다.

⑥ 자신을 두렵게 하는 이미지 A를 B 또는 C 이미지로 전환해 보도록 한다. 이때 자신의 두려움을 통제할 수 있는 문장을 말하도록 한다.

　– "내 폰에서 없어져!" "바뀌어라 얍!"

⑦ 이에 대한 느낌을 이야기 나누고, 일상생활에서 사용해 볼 수 있도록 격려한다.

작업과정 및 결과물 예시

6) 적용 및 수정

● 내담자의 연령과 인지능력의 차이에 따라 그림의 개수를 조절한다.

● 내담자가 자신의 대처행동을 평가하는 데 있어 다양한 관점에서 생각할 수 있도록 격려와 지지를 제공한다.

- 내담자가 두려워하거나 불안해하는 상황이 깊은 트라우마와 관련된 것이 라면 현재 생활에 적응할 수 있도록 도와주는 진정훈련(예: 심호흡, 명상 등) 이 선행되어야 한다.
- 집단에서 활용할 때는 공통적으로 두려워하는 이미지를 A로 선정한 후, 집 단 구성원 각자의 아이디어로 B와 C의 이미지를 다수 만들어 다양한 대안 을 마련해 본다.

MEMO

3. 다시 보는 내 마음

1) 준비물

천사점토, 사인펜, 꾸미기 재료(구슬, 스팽글 등)

준비물 예시

2) 적용 대상 및 유형

아동, 청소년, 성인 / 개인, 집단

3) 적용 시기

중기

4) 목표

● 자신에게 영향을 미치는 말을 인식할 수 있도록 한다.
● 자신에 대한 긍정적인 측면을 발견하여 자신을 좀 더 긍정적으로 평가할 수 있도록 한다.

5) 작업과정

① 천사점토를 주무르며 가족이나 친구 또는 주변 사람들에게 들었던 말 중에 상처가 되었던 말들이 있는지, 어떤 말을 들었을 때 속상했는지에 대해 이

야기를 나눈다.

② 천사점토를 둥글납작하게 만든 뒤 사인펜으로 상처가 되었던 말들을 적는다.

③ 반대로 나에게 힘이 되는 말들, 기분 좋은 칭찬이나 격려의 말들은 무엇이 있었는지에 대해 이야기를 나누고, 천사점토 뒷면에 적어 본다.

④ 점토를 주물러 색을 변화시킨다.

⑤ 나에 대해 다시 어떻게 느껴지는지 이야기를 나누고, 지금의 내 마음 모양을 만들어 본다.

작업과정 및 결과물 예시

6) 적용 및 수정

● 상처 되었던 말을 떠올리기 어려워하는 내담자에게는 치료자가 미리 상처 되는 말들을 적은 카드나 활동지를 제시하여 그중에서 골라 보도록 할 수 있다.

● 집단작업에서는 각자 색을 변화시킨 천사점토를 이용하여 협동작품을 만들거나 또는 각자 작품을 만든 뒤에 한자리에 모아 소감을 나누는 것으로 마무리할 수 있다.

4. 컬러북 만들기

1) 준비물

수채화 물감(팔레트), 물통, 물, 붓, 4절 도화지, 가위, 펜

✿ 준비물 예시

2) 적용 대상 및 유형

아동, 청소년, 성인 / 개인, 집단

3) 적용 시기

중기

4) 목표

● 자신의 인지적 오류(흑백논리)를 인식할 수 있다.

● 문제에 대한 다양한 관점을 가져 보고 대처방법을 획득할 수 있다.

5) 작업과정

① 책 만들기: 4절 도화지를 가로로 4등분하여 잘라서 길이가 긴 종이를 만든
다. 그 상태에서 반을 접어 중심선을 만들고, 중심선을 기준으로 3등분씩
앞뒤로 접어 가며 면이 총 6개인 아코디언 형태의 책이 되도록 만든다.

② 만들어진 책 각각의 면에 가로×세로 3~4cm 크기의 정사각형 모양을 그린다.

③ 책의 양 끝에 있는 칸에 서로 다른 색의 물감을 칠한다.

④ 끝에서 중앙으로 올수록 두 색이 동일한 비율(1:1)에 가깝게 혼색되도록 나머지 4개의 칸에 단계적으로 그라데이션하여 채색한다.

⑤ 책의 시작과 끝 페이지에 붙인 양극단의 색에 해당하는 나의 흑백논리(극단적인 사고)를 적는다.

　– 예: 식이장애, 자기외모비하

　– "나는 뚱뚱하다. 그러니 아무것도 먹지 않아야 한다." vs "음식을 먹게 됐으니 그냥 폭식해 버린다."

⑥ 나머지 중간 영역대의 색에는 극단적이지 않은 상황에서도 충분히 만족과 성취를 느낄 수 있는 중간 영역대의 생각들을 적는다.

⑦ 컬러북의 앞면에 표지를 꾸며 완성한다. 평소에 소지하고 다니면서 극단적인 사고가 나타날 때마다 펼쳐 보도록 한다.

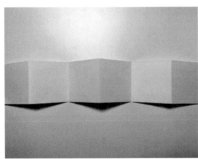
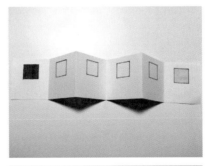

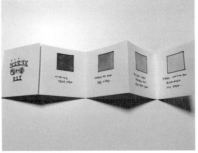

작업과정 및 결과물 예시

6) 적용 및 수정

- 두 색을 선택할 때는 혼색했을 때 색이 너무 탁해지지 않는 색, 즉 두 색이 섞였을 때 중간색을 만들 수 있는 색을 선택하는 것이 좋다.
  - 예: 빨강과 노랑(중간색: 주황), 초록과 노랑(중간색: 연두)
- 흑백논리 중간 영역대의 사고에 대해 탐색할 때 어떤 생각, 의견이든 자유롭게 이야기할 수 있도록 격려한다.
- 이 작업을 통해 자신의 극단적인 사고 패턴을 인식하고 사고의 확장을 도울 수 있는 것에 초점을 두도록 한다.
- 책 만들기 대신 종이에 테두리와 칸을 그려 평면작업으로 진행할 수 있다.
- 대상 연령과 인지기능의 정도에 따라 색 칸의 개수를 조절할 수 있으며, 치료자가 몇 가지 중간 영역대의 대안을 제시하고 그 안에서 선택할 수 있도록 도울 수도 있다.
- 수채화 물감 대신 색연필, 파스넷 또는 오일파스텔을 이용하여 보다 간단하게 진행할 수 있다.

MEMO

5. 뫼비우스의 띠

1) 준비물

도화지, 사인펜 · 색연필 등 내담자가 원하는 그리기 도구

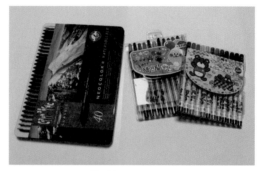

준비물 예시

2) 적용 대상 및 유형

아동, 청소년, 성인 / 개인, 집단

3) 적용 시기

중기

4) 목표

● 자신의 증상 혹은 문제를 표출하고 인식할 수 있다.

● 문제에 대한 자신의 사고를 재평가하고 수정할 수 있다.

● 문제해결 방안을 구체화하여 문제해결에 대한 효능감을 높일 수 있다.

5) 작업과정

① 도화지에 자신이 해결하기 어렵다고 여기는 문제나 상황을 뫼비우스의 띠
형태로 반복해서 그리고, 그 그림에 이름을 붙인다.

– 예: '영원한 스트레스' '왕따지옥' '우울의 블랙홀' '불안의 늪'

② 뫼비우스 띠의 고리 안에 그 문제를 해결하기 어렵다고 생각하는 이유들을 적는다.

③ 뫼비우스 띠 주변에 미끄럼틀을 그리고, 문제가 되지 않았던 상황들, 즉 내가 문제라고 생각하는 사고에 반대되는 증거를 찾아 적는다.

④ 사다리를 그리고, 문제를 해결하기 위해 활용할 수 있는 나의 강점과 구체적인 방안들을 적는다.

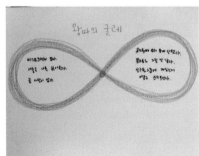 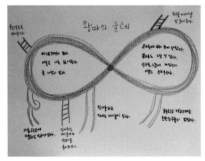

작업과정 및 결과물 예시

6) 적용 및 수정

● 문제해결에 대한 방안과 자신의 강점을 최대한 많이 발견할 수 있도록 지지해 주는 치료자의 역할이 필요하다.

● 집단작업에서는 공통의 주제를 정하여 뫼비우스의 띠를 그리고, 그 문제를 극복하기 위한 방안들에 대해 서로 돌아가며 사다리와 미끄럼틀을 그려 넣는다.

6. 해결해! 칭찬해~

1) 준비물

색도화지, 가위, 네임펜 또는 사인펜, 스티커

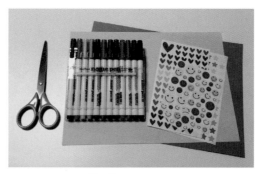

준비물 예시

2) 적용 대상 및 유형

아동, 청소년, 성인 / 개인, 집단, 가족

3) 적용 시기

중기, 후기

4) 목표

● 문제해결에 대한 대안행동을 찾고 실행해 볼 수 있다.
● 긍정적인 행동을 체험하고 강화할 수 있다.

5) 작업과정

① 평소에 부정적인 상황(화날 때, 짜증 날 때, 슬플 때 등)에 놓일 때 나는 어떤 생각과 행동을 하는지에 대해 이야기를 나눈다.

② 내 부정적인 감정을 행동화(소리 지르기, 때리기, 물건 던지기 등)하기 전에

할 수 있는 대안행동들을 찾아본다.

③ 해결쿠폰 만들기: 색도화지를 오린 뒤 대안행동들을 쿠폰에 하나씩 적
  는다.

④ 칭찬쿠폰 만들기: 대안행동을 수행하고 부정적인 상황을 해결했을 때 나
  자신에게 칭찬하고 싶은 메시지를 다른 색의 쿠폰에 하나씩 적는다.

⑤ 완성 후 쿠폰 사용을 연습해 본다.

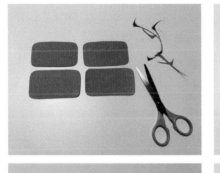

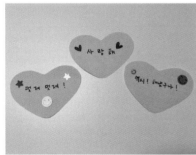

작업과정 및 결과물 예시

6) 적용 및 수정

● 미술작업을 어려워하는 대상에게는 기본 틀(p. 266의 활동지 1 참조)을 제시
  할 수 있다.

활동지 1 '조절쿠폰'

해결쿠폰

칭찬쿠폰

MEMO

7. 스트레스 구급상자

1) 준비물

잡지, 가위, 풀, 종이상자, 사인펜, 꾸미기 재료(스티커 등)

준비물 예시

2) 적용 대상 및 유형

아동, 청소년, 성인 / 개인, 집단, 가족

3) 적용 시기

중기, 후기

4) 목표

● 대처방법의 획득을 통하여 자기효능감을 높이고, 스트레스에 대한 불안과 부담감을 감소시킬 수 있다.

5) 작업과정

① 최근에 스트레스를 받아 힘들었던 상황, 사건들에 대해 이야기를 나눈다.

② 스트레스 상황에서 어떻게 대처하고 해결했는지 나만의 스트레스 대처방

법에 대해 이야기를 나눈다.

③ 나의 평소 스트레스 대처방법 중 가장 효과적인 것은 무엇인지 그리고 추가하고 싶은 대처방법에는 무엇이 있는지 탐색하며 적절한 이미지를 잡지에서 찾는다.

④ 종이상자를 구급상자로 꾸미고, 그 안에 스트레스 대처방법에 관한 잡지이미지를 콜라주하여 꾸민다.

⑤ 내가 스트레스를 받았을 때 즉각적으로 사용할 수 있는 스트레스 구급상자를 앞으로 어떻게 활용하고 싶은지에 대해 이야기를 나눈다.

작업과정 및 결과물 예시

6) 적용 및 수정

● 스트레스를 받는 상황에 대한 인식수준이 낮은 내담자에게는 생활 속에서 나타나는 몸의 반응이나 학교나 직장에서의 기능수준 등에 대한 질문을 통해 자신의 행동과 정서의 연관성을 인식할 수 있도록 돕는 것이 선행되어야 한다.

- "가슴이 답답한 적이 있나요?"
- "의욕이 없고 자주 피로해지나요?"
- "실수하는 일이 빈번한가요?"
- "신경이 날카로워져서 다른 사람에게 짜증을 내는 일이 늘어났나요?"

● 그림 그리기로 간단하게 작업할 수 있다.

● 점토나 플레이콘, 우드락, 나무조각 등을 활용하여 입체물로 만들 수도 있다.

● 집단 프로그램에서는 집단 구성원들이 함께 공통의 스트레스 주제를 선택하고, 각자의 스트레스 대처방법에 대해 만들기를 하여 집단 스트레스 구급상자에 채워 넣을 수 있다.

MEMO

8. 내 걱정을 부탁해

1) 준비물

종이, 사인펜, 가위, 글루건 또는 오공본드, 꾸미기 재료(털실 등)

준비물 예시

2) 적용 대상 및 유형

아동, 청소년, 성인 / 개인, 집단, 가족

3) 적용 시기

중기, 후기

4) 목표

● 요즘 자신에게 주요한 이슈를 찾고 인식할 수 있다.
● 자신의 걱정과 고민의 수준에 대해 보다 객관적으로 인식하고 비생산적인 걱정의 수준을 완화할 수 있다.

5) 작업과정

① 요즘 나의 걱정이나 고민거리들을 떠올리고 종이에 걱정리스트를 작성

한다.

② 그 걱정으로 인해 일어날 최악의 상황들은 무엇인지, 실제로 일어날 확률
은 얼마나 되는지 생각해 본다.

③ 내가 노력해서 해결할 수 있는 걱정과 해결하기 어려운 걱정들을 분리해
본다.

④ 나의 걱정들을 덜어 줄 수 있는 걱정인형을 만들고, 내가 해결하기 어려운
걱정들은 인형에게 맡겨 본다.

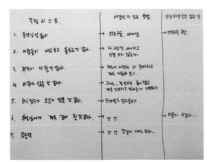

작업과정 및 결과물 예시

6) 적용 및 수정

● 표현하는 걱정이나 고민거리들에 대해 치료자가 먼저 판단하지 않고, 스스
로 그 사고가 얼마나 생산적인지 또는 비생산적인지 인식할 수 있도록 질
문을 통해 이끌어 내도록 한다.

● 연령이나 기능수준의 차이에 따라 다양한 재료로 응용이 가능하다.

– 예: 폐품 활용(종이컵, 페트병, 종이상자 등), 천이나 양말을 이용한 봉제인

형 만들기, 구부러지는 철사 등

● 인형에게 맡기고 싶은 걱정이나 메시지를 적어 걱정인형과 함께 액자로 구
  성하여 완성할 수도 있다.

● 집단에서는 인형을 만든 후 인형극을 함으로써 집단 구성원들 간에 서로
  피드백을 주며 상호작용할 수 있는 기회를 제공할 수도 있다.

MEMO

9. 힐링정원

1) 준비물

찰흙, 종이접시, 꾸미기 재료[구슬, 비즈보석, 스팽글, 조화(꽃) 등]

준비물 예시

2) 적용 대상 및 유형

아동, 청소년, 성인 / 개인, 집단, 가족

3) 적용 시기

중기, 후기

4) 목표

● 자신에게 부정적인 영향을 미치는 걸림돌을 인식하고 스스로 제거하여 자신의 삶에 대해 보다 건설적인 태도를 가질 수 있도록 돕는다.

5) 작업과정

① 찰흙을 주무르며 이완하는 과정을 통해 상처받았던 말들에 대해 이야기를 나눈다.

② 종이접시 안에 찰흙을 채우며 '마음 밭'을 만든다.

③ 마음 밭에 상처받은 말만큼의 자갈을 심는다.

④ 농사를 잘 짓기 위해서 어떤 토양이 필요한지에 대해 이야기를 나눈다.
- "돌이나 바위가 있는 밭에서는 잎을 잘 틔울 수가 없어요. 그래서 돌과 바위를 걸러 주고 영양분을 채워 주어야 해요."

⑤ 상처 되는 말 대신 듣고 싶은 말 또는 해 주고 싶은 말을 하며 자갈을 빼 낸다.

⑥ 자갈이 빠진 빈 곳에 비즈보석과 같은 꾸미기 재료를 이용하여 지금-여기 의 내 마음을 표현하며 힐링정원을 꾸민다.

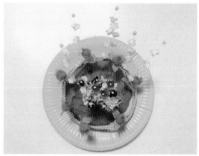

작업과정 및 결과물 예시

6) 적용 및 수정

● 연령이 너무 어린 경우 혹은 기능이 저하된 경우에는 치료자가 상처 되는 말이나 듣고 싶은 말에 대해 예시를 들어 주어 자기표현을 촉진하고 격려 하도록 한다.

- 찰흙에 거부감을 보이는 경우에는 적은 양부터 탐색하도록 격려하여 점진적으로 재료에 적응할 수 있도록 돕는다.
- 찰흙에 거부감이 심한 경우에는 손에 많이 묻지 않는 천사점토나 스노우매직과 같은 점토를 이용할 수 있다.
- 기능이 저하된 내담자나 시간이 한정되어 있는 회기에서 진행할 경우에는 치료자가 미리 마음 밭을 준비해 놓을 수 있다. 혹은 2회기에 걸쳐 진행할 수 있다.
- 집단의 경우에는 상처 되는 말을 쪽지에 적어서 제출하고, 제비뽑기를 하여 익명으로 진행할 수 있다. 집단작업일 경우에는 듣고 싶은 말(힐링메시지)을 해야 자갈을 뽑을 수 있는 규칙을 정해 게임처럼 진행할 수 있다.
- 그림 그리기로 변형할 수 있다.

MEMO

10. 고민해결나무

1) 준비물

상자(고민상자), 색종이, 풀, 도화지, 네임펜, 크레파스 등 그리기 도구

준비물 예시

2) 적용 대상 및 유형

아동, 청소년, 성인 / 집단, 가족

3) 적용 시기

중기, 후기

4) 목표

● 문제해결능력을 개발할 수 있다.
● 집단의 지지와 격려 받는 경험을 통해 문제로 인한 고립감을 완화할 수 있다.
● 집단에게 도움을 받는 경험을 통해 자아존중감의 향상을 도울 수 있다.

5) 작업과정

① 집단 구성원은 각자의 색종이에 자신의 고민거리를 적고 반으로 접어 고민 상자에 넣는다.

② 집단 구성원별로 돌아가며 종이를 뽑고 그 고민을 해결하기 위한 방법을 제시한다.

③ 고민상자의 고민종이가 모두 사라지면 고민종이를 손으로 찢는다.

④ 집단 구성원이 서로 협동하여 전지에 나무를 그리고, 찢은 색종이 조각들을 이용해 나뭇잎을 표현한다.

⑤ 작품의 제목을 적고 소감을 나눈다.

6) 적용 및 수정

● 고민해결을 위한 방법을 제시할 때는 자신이라면 어떻게 대처할 것인지에 대해 생각하며 진지하게 대답할 수 있도록 한다.

● 집단 구성원의 고민에 대한 해결방법이 모두 나올 수 있도록 순서를 반복할 수 있다.

문제해결 및 대처전략을 위한
인지행동 미술치료 10회기 프로그램

단계	목표	회기	활동명	기대효과
1단계 (초기)	정보수집 및 인지행동 교육	1	생각나무(p. 32 참조)	정보수집 및 내담자 이해
		2	진정해…… 그리고 침착해(p. 50 참조)	긴장이완 및 인지행동 교육
		3	내 머릿속 풍차 (p. 68 참조)	생각, 감정, 행동의 연결성 이해
2단계 (중기)	문제 인식 및 대안행동 탐색하기	4	문제, 너의 이름은?!	문제의 명명화, 문제에 대한 자신의 태도 인식
		5	다시 보는 내 마음	자신에게 영향을 미치는 타인의 피드백 인식, 자기 자원 발견
		6	컬러북 만들기	흑백논리 인식 및 사고의 전환
		7	뫼비우스의 띠	문제 인식, 사고 전환, 대처능력 탐색
3단계 (후기)	문제해결능력 강화 및 효능감 향상	8	해결해! 칭찬해~	대안행동 탐색 및 긍정적인 행동 전환 및 강화
		9	스트레스 구급상자	대처방법 탐색 및 대처능력 강화
		10	힐링정원	문제해결에 대한 효능감 및 희망 고취

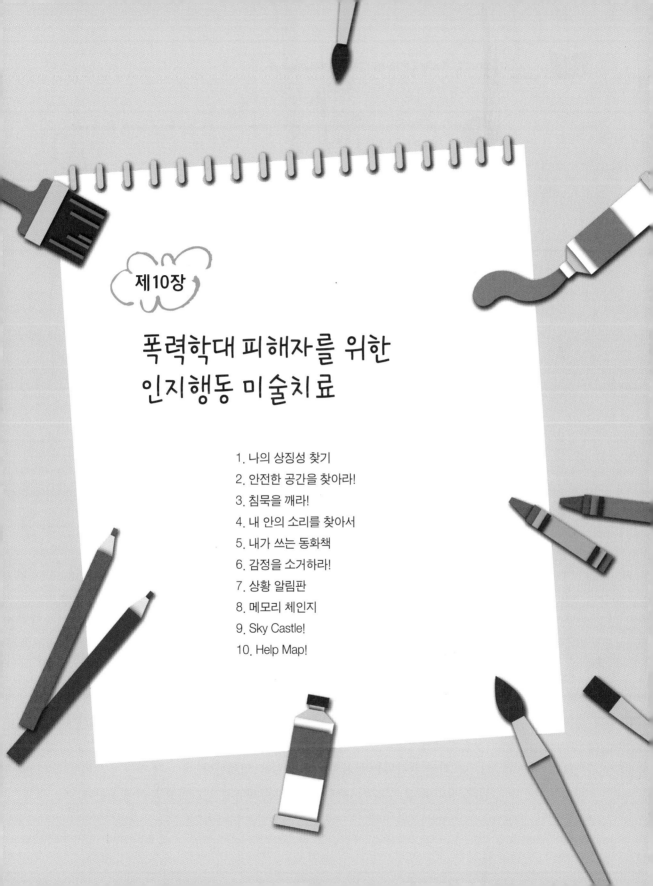

제10장

폭력학대 피해자를 위한
인지행동 미술치료

1. 나의 상징성 찾기

1) 준비물

천사점토, 컬러점토, 투명구슬, 여러 종류의 비즈, 다양한 끈

준비물 예시

2) 적용 대상 및 유형

아동, 청소년, 성인 / 개인, 집단

3) 적용 시기

초기, 중기

4) 목표

● 자신을 표현할 수 있는 상징을 찾는다.

● 상징을 통해 자신의 내적 힘을 가지도록 돕는다.

5) 작업과정

① '나' 하면 생각나는 동물이나 사물 등을 인지한다.

② 상징의 특성, 상징이 나에게 적용되는 이유를 생각하고 종이에 적는다.

③ 천사점토, 컬러점토를 사용하여 자신이 원하는 상징물을 만든다.

④ 투명 구슬 안에 상징을 넣고 끈으로 묶은 후 보이도록 한다.

⑤ 상징에서 느껴지는 단어를 적고 자신이 힘을 기를 수 있는 목록을 적도록
한다.

작업과정 및 결과물 예시

6) 적용 및 수정

● 자신에 대한 왜곡된 생각이 있는 경우에 치료자는 내담자의 인지적 오류에
대한 생각을 긍정적으로 이끌어 내는 것이 중요하며, 이때 정서에 대한 부
분에 관심을 가진다.

● 상징에 대한 이해를 돕기 위해 치료자가 예시(예: 12간지 띠 동물, 상상 속의
동물)를 줄 수 있다.

● 점토의 종류는 변경할 수 있으나 손에 묻는 것을 두려워하는 내담자의 경

우에는 일회용 비닐장갑을 제공한다.

나의 상징	상징의 특성	나에게 적용되는 이유

MEMO

2. 안전한 공간을 찾아라!

1) 준비물

마스킹테이프, 컬러점토, 하드보드지, 우드락

준비물 예시

2) 적용 대상 및 유형

아동, 청소년, 성인 / 개인, 집단

3) 적용 시기

초기, 중기

4) 목표

- 자신만의 안전한 공간을 찾는다.
- 공간의 경계를 형성한다.
- 안전한 공간에 대해 재정립을 한다.
- 공간에 대한 불안을 완화한다.

5) 작업과정

① 치료실 내에 자신이 원하는 안전한 공간을 찾는다.

② 우드락이나 하드보드지를 용도에 맞게 잘라 배경으로 이용한다.

③ 점토로 자신만의 안전한 공간을 꾸며 준다.

④ 공간을 꾸민 후 여기가 안전하게 느껴지는지에 대해 이야기를 나눈다.

⑤ 불안이 있을 때 자신만의 안전한 공간을 생각하는 상상훈련을 해 본다.

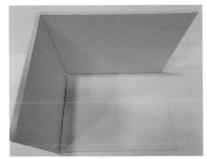

작업과정 및 결과물 예시

6) 적용 및 수정

● 치료자가 여러 공간에 대한 안내를 할 수 있다.

● 입체공간이 아니더라도 바닥공간에 선을 긋거나 방어막을 쌓아서 안전한 공간을 만드는 것도 가능하다.

● 치료실 바닥에 색테이프를 붙이며 내가 원하는 만큼 공간을 만든다.

● 색테이프를 붙인 공간 안에 들어가 자신만의 안전한 공간을 점토로 꾸민다.

● 바닥공간에서 작업하기 어려운 경우에는 책상이나 도화지를 사용하는 것도 가능하다.

3. 침묵을 깨라!

1) 준비물

4절 도화지, 알루미늄 포일, 매직펜, 스카치테이프, 아크릴물감

📷 준비물 예시

2) 적용 대상 및 유형

아동, 청소년, 성인 / 개인

3) 적용 시기

중기, 후기

4) 목표

● 자신의 두려움에 대한 왜곡된 정도를 인식하고 다룰 수 있도록 한다.
● 무서움, 근심, 폭력으로부터 불안 등의 두려움을 언어로 표현한다.
● 두려움에 대해 다루고 자신에게 힘을 부여한다.

5) 작업과정

① 알루미늄 포일을 얼굴 크기보다 조금 크게 자른다.

② 알루미늄 포일을 얼굴에 대고 눈, 코, 입 부분을 누르며 가면 형태를 잡는다.

③ 가면 아래에 신문지를 뭉쳐 가면이 무너지지 않도록 한다.

④ 가면을 도화지에 붙이고, 나머지 공간을 그리기 매체로 꾸민다.

⑤ 가면 주변에 말풍선을 넣어 자신이 하고 싶은 말을 적어 넣는다.

⑥ 도화지 여백을 칠한 부분에도 매직펜으로 하고 싶은 말을 적어 넣는다.

⑦ 작업 후 감정의 강도를 1~10까지의 숫자로 대답한다.

- "작업 전에는 불안해서 10이었는데 지금은 말을 하고 나니 2가 되었어요."

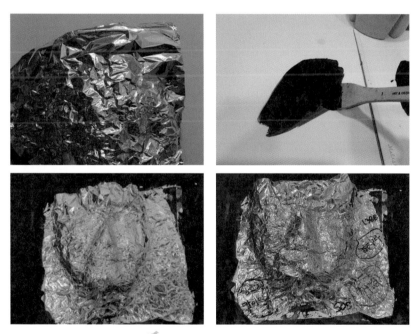

작업과정 및 결과물 예시

6) 적용 및 수정

● 얼굴에 알루미늄 포일을 붙이는 것을 거부한다면 알루미늄 포일에 손을 찍거나 도화지에 알루미늄 포일을 붙이고 그림으로 그리는 것도 가능하다.

● 내담자와 치료자가 함께 알루미늄 포일을 가면처럼 얼굴에 쓰고 이야기를 나눈 후 미술작업을 하는 것도 가능하다.

● 폭력학대 가해자와의 사이에서 비밀이 있었다면 누군가에게는 알릴 필요
　가 있다는 것을 알려 준다.
● 알루미늄 포일의 특성상 찢어지기 쉬우므로 내면의 상처를 다루듯이 조심
　히 다루며 감정을 조절할 수 있도록 안내한다.

MEMO

4. 내 안의 소리를 찾아서

1) 준비물

딕싯카드, 8절 색도화지 혹은 8절 도화지, 사인펜, 종이나팔 혹은 마이크

준비물 예시

2) 적용 대상 및 유형

아동, 청소년, 성인 / 개인, 집단

3) 적용 시기

중기, 후기

4) 목표

● 말하지 못하고 있던 경험을 이야기할 수 있도록 한다.
● 폭력학대 가해자에게서 받은 상처를 언어로 표현하도록 한다.
● 폭력학대 가해자에게 듣고 싶은 이야기를 언어로 표현한다.

5) 작업과정

① 딕싯게임(이미지카드도 가능)에 들어 있는 카드를 펼쳐 놓는다.

② 자신이 경험했던 상황에 대한 감정을 떠올린다.

③ 감정에 맞는 이미지를 카드에서 선택하여 종이 위에 올려놓는다.

④ 자신이 하고 싶은 말을 카드 아래에 적는다.

⑤ 가해자에게 듣고 싶은 말을 적는다.

⑥ 종이나팔을 만든 후 큰 소리로 자신의 감정을 소리 내어 언어로 표현하도록 한다.

작업과정 및 결과물 예시

6) 적용 및 수정

● 치료자와 내담자가 번갈아 가며 카드의 이미지에 대해 한 단어(슬픔, 두려움, 막연함, 얼어 버림 등)로 이야기를 나눈 후 도화지에 두려움을 적거나 상징적인 그림을 그리는 것도 가능하다.

● 폭력에 대해 떠오르는 단어를 말하고 이미지를 표현하는 것도 가능하다.

● 상자 안에 자신의 경험에 대한 이미지카드를 넣고 뚜껑을 덮어 밀봉한 다음 뚜껑 위에 감정 그림을 그리거나 글로 적도록 한다.

5. 내가 쓰는 동화책

1) 준비물

두꺼운 도화지 혹은 반제품으로 판매하는 무지책, 네임펜, 스티커

✦✧ 준비물 예시

2) 적용 대상 및 유형

아동, 청소년, 성인 / 개인, 집단

3) 적용 시기

후기, 종결

4) 목표

● 폭력학대 후 피해에 대한 비합리적 신념을 찾아낸다.
● 폭력학대 후 새로운 대처방법을 사용하도록 내담자에게 힘을 부여한다.
● 폭력학대 후 피해에 대한 부정적인 표현을 긍정적인 이야기로 꾸며 생각을
  전환시킨다.

5) 작업과정

질문지 작성

1. 나에게 무슨 일이 일어났나요?
2. 사건이 있은 후 어떻게 지각하고 있나요?
3. 일어난 사건을 어떻게 평가하고 있나요?
4. 사건이 있은 후 어떻게 행동하고 있나요?
5. 상담이 진행되면서 인지, 정서, 행동에 달라진 점이 있나요?

① 질문지를 작성한 후 질문지에 답한 내용에 대해 이야기를 나눈다.
② 책에 자신의 경험이야기를 만들어 그림으로 표현한다.
③ 시중에서 판매되는 책과 같은 모양으로 꾸며 본다.
④ 용기를 내어 자신의 이야기를 하는 것이 부정적 인식을 긍정적 정서로 변화시키는 과정임을 인지하도록 한다.
⑤ 자신에게 지지자가 있다는 것을 인식한다.

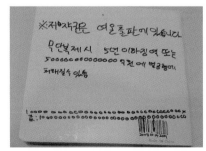

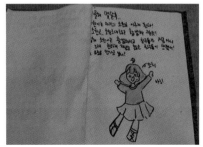

작업과정 및 결과물 예시

6) 적용 및 수정

● 한지로 책을 엮어 만드는 것도 가능하다.

● 내담자가 상황/행동과 감정 사이의 연결을 만들 수 있도록 돕는다.

● 예시로 동화책을 읽고 난 후 자신의 동화로 만드는 것도 가능하다(예: 『미운 오리새끼』『신데렐라』『백만 번 산 고양이』등)

MEMO

6. 감정을 소거하라!

1) 준비물

단어카드, 사각쟁반, 물, 마블링물감, 도화지

준비물 예시

2) 적용 대상 및 유형

아동, 청소년, 성인 / 개인, 집단

3) 적용 시기

중기, 후기

4) 목표

- 트라우마로 인한 스트레스 반응의 강도와 지속기간을 감소시킨다.
- 트라우마의 부정적 감정을 완화시킨다.

5) 작업과정

① 사각쟁반에 물을 담는다.

② 마블링물감을 떨어뜨리고 막대기로 골고루 젓는다.

③ 도화지에 찍힌 문양을 보면서 트라우마에 대한 경험을 이야기해 본다.

④ 문양의 이미지를 보고 단어카드에서 감정을 찾아본다.

⑤ 도화지로 마블링물감의 문양을 여러 번 찍어 낸다.

⑥ 점차 흐려진 문양을 보며 단어카드에서 감정을 찾아 메모지에 적는다.

⑦ 변화된 감정에 대해 이야기를 나눈다.

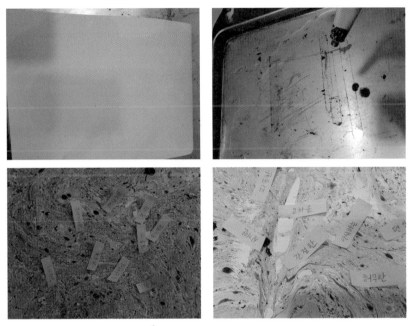

작업과정 및 결과물 예시

6) 적용 및 수정

● 마블링 문양이 찍힌 도화지에 크레파스 등으로 단어나 이미지를 기록할 수
  있다.

7. 상황 알림판

1) 준비물

비즈, 색도화지, 펠트지, 끈, 가위, 칼, 무독이풀, 펀치, 매직펜

준비물 예시

2) 적용 대상 및 유형

아동, 청소년, 성인 / 개인, 집단

3) 적용 시기

중기, 후기

4) 목표

● 신체적 경계선의 중요성을 알려 준다.

● 가족 안에서 신체적 · 심리적 존중에 대한 필요성을 알려 준다.

● 경계를 가족 안에서 지키고 또한 사회적으로도 지키는 연습을 한다.

5) 작업과정

① 매체를 탐색한다.

② 내가 원하는 재료를 선택한다.

③ 색도화지에 안내문 글씨를 쓰기 좋은 크기의 모양으로 자른다.

④ 자신의 현재 상태를 표시하는 문구를 쓴다(예: 혼자 있고 싶어요, 사랑과 보살핌이 필요해요).

⑤ 구멍을 뚫어 문 앞에 달 수 있는 고리를 만든다.

⑥ 완성되면 소리 내어 언어로 표현해 본 후 인지·정서 변화에 대해 이야기를 나눈다.

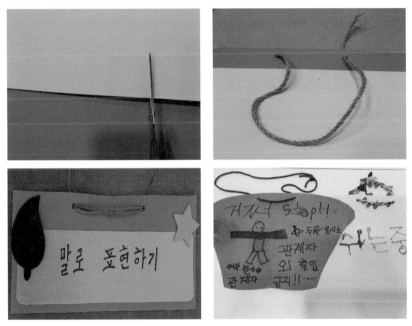

작업과정 및 결과물 예시

6) 적용 및 수정

● 청소년의 경우에는 나무판에 음각으로 새기거나 판화작업을 통해 공격성에 대한 해소를 할 수 있다.

● 사회적 관계에서 상호작용의 중요성을 인식할 수 있도록 돕는다.

8. 메모리 체인지

1) 준비물

색도화지, 사인펜, 점토(어두운 색과 밝은 색/예: 찰흙과 지점토)

준비물 예시

2) 적용 대상 및 유형

아동, 청소년, 성인 / 개인, 집단

3) 적용 시기

중기

4) 목표

- 내담자에게 영향을 미치고 있는 외상경험들에 대한 기억을 수정하고 재인식함으로써 정서적 안정을 돕는다.
- 대안행동을 탐색하고 문제해결능력의 향상을 돕는다.
- 그때-거기, 지금-여기의 차이점에 대해 인지한다.

5) 작업과정

① 힘들고 어려웠던 자신의 과거 경험을 찰흙으로 표현한다.

② 그때의 경험을 지금-여기에서 시각화하여 객관적으로 바라보면서 어떤 생
각이 드는지 이야기를 나눈다.

③ 과거의 그때-거기에서 어떻게 했으면 좋았을지를 이야기해 본다.

④ 앞으로 유사한 일이 생긴다면 어떻게 대처할 수 있을지 대안에 대해 이야
기를 나눈다.

⑤ 그때-거기의 장면에 대안 혹은 대처행동을 지점토로 재구성하여 표현해
본다.

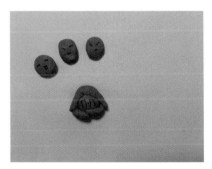 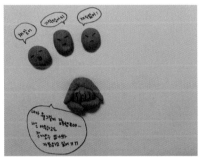

작업과정 및 결과물 예시

6) 적용 및 수정

● 과거에 느꼈던 감정들을 충분히 표현할 수 있도록 안전하고 수용적인 치료
환경을 제공한다.

● 외상기억을 들여다보는 것을 어려워하는 경우에는 점진적으로 자신의 내
면을 들여다보며 표현할 수 있는 만큼만 표현해 보도록 격려한다.

● 단조로운 결과물이더라도 외상의 외현화 과정 자체를 격려하고 지지해 주

어야 한다.

● 점토에 거부감이 있는 경우에는 그림 그리기나 콜라주 기법으로 시행할 수 있다.

● 마지막 과정에서 대안을 이야기하고 표현한 후, 역할극을 통해 지금-여기의 대안행동을 연습해 볼 수 있다.

MEMO

9. Sky Castle!

1) 준비물

블록, 젠가, 색도화지, 수수깡, 컬러점토, 휴지심

🎨 준비물 예시

2) 적용 대상 및 유형

아동, 청소년, 성인 / 개인, 집단

3) 적용 시기

초기, 중기

4) 목표

- 가해자에 대한 분노를 안전한 공간 안에서 표현해도 된다고 알려 준다.
- 폭력으로부터 자신을 지킬 수 있는 힘을 기른다.
- 자신의 협력기술을 증진시킨다.
- 폭력이 반복되지 않도록 전략적 계획을 세운다.

5) 작업과정

① 젠가를 가지고 도미노게임을 한다.

② 젠가에 쓰여 있는 단어들(예: 화가 난다, 놀라움, 분노)을 젠가 사이에 세운다.

③ 도미노를 세운 후 쓰러뜨린다.

④ 큰 블록을 이용하여 새로운 건축물을 세운다.

⑤ 건축물을 지키는 상징물을 만든다.

⑥ 건축한 후에 이야기를 나눈다.

작업과정 및 결과물 예시

6) 적용 및 수정

● 도미노가 지속적으로 실패할 수 있으나 좌절만 하고 있는 것이 아니라 주변을 살펴서 무엇 때문에 쓰러지고 있는지를 인지할 수 있도록 알려 준다.

● 집단인 경우에는 팀을 나누어 게임을 하면서 집단이 어떻게 문제를 해결해 나가는지를 알 수 있다.

10. Help Map!

1) 준비물

컬러점토, 우드락 혹은 하드보드지, 비즈, 인조잔디, 매직펜

준비물 예시

2) 적용 대상 및 유형

5세 이상 / 개인, 집단

3) 적용 시기

후기, 종결 단계

4) 목표

● 내담자를 위한 지지자가 우리 마을에 있다는 것을 인지할 수 있도록 돕는다.
● 공동체 안에서 안정감을 가질 수 있다는 것을 알려 준다.
● 내담자가 사회적 지지를 요청할 수 있도록 돕는다.

5) 작업과정

① 사회적 지지자가 될 수 있는 자원을 생각하고 적는다.

② 우리 마을의 지지자가 될 수 있는 물리적 자원을 적는다.

③ 적어 놓은 자료를 보면서 마을을 꾸민다.

④ 안전한 물리적 환경 안에 나를 세운다.

⑤ 완성한 후에 이야기를 나눈다.

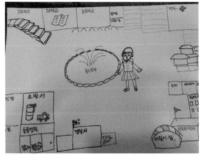
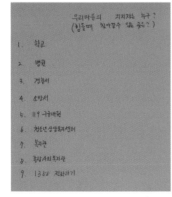
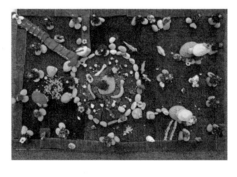

작업과정 및 결과물 예시

6) 적용 및 수정

● 마을 공동체 의식을 가질 수 있도록 주변 환경을 알아 두고 연락할 수 있는 곳도 알려 준다.

● 집단인 경우에는 서로 협동하여 하나의 작품을 완성할 수 있도록 안내 한다.

폭력학대 피해자를 위한 인지행동 미술치료 10회기 프로그램

단계	목표	회기	활동명	기대효과
1단계 (초기)	라포 형성 및 자기탐색	1	나의 상징성 찾기	내담자 이해 및 정보수집
		2	안전한 공간을 찾아라!	공간에 대한 인식 및 경계선 설정
		3	침묵을 깨라!	두려움 인식
2단계 (중기)	문제 행동과 상황에 대한 인식 및 긍정적 사고로 바꾸기	4	메모리 체인지	문제해결능력 향상
		5	내 안의 소리를 찾아서	감정 인식 및 명명화
		6	상황 알림판	감정표현 및 긍정적 자기인식
3단계 (후기)	전략 세우기 및 교정된 자기이해	7	내가 쓰는 동화책	자기표현과 수용된 자기이해
		8	감정을 소거하라!	분노에 함입되지 않기
		9	Sky Castle!	자아강도 강화, 안정감 가지기
		10	Help Map!	전략을 세우고 행동하기

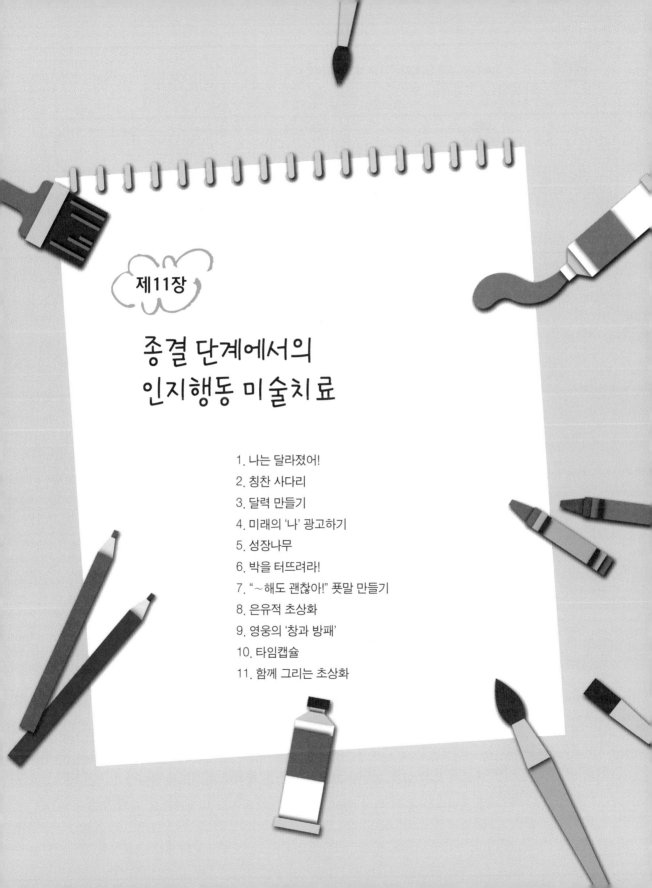

제11장

종결 단계에서의
인지행동 미술치료

1. 나는 달라졌어!

1) 준비물

OHP 필름지, 매직펜, 네임펜, 내담자의 전신이 나온 A4 용지 크기의 프린트물

준비물 예시

2) 적용 대상 및 유형

아동, 청소년, 성인 / 개인, 집단

3) 적용 시기

종결 단계

4) 목표

● 달라진 자기 모습을 인식시키고 다양한 사회적 상황을 간접적으로 경험하면서 문제해결능력을 향상시킨다.

5) 작업과정

① 가장 자신 있는 포즈를 취하고 사진을 찍어서 프린트를 한다.

② 프린트한 종이 위에 OHP 필름지를 올려놓고 네임펜으로 자기 모습을 따

라 그린다.

③ 매직펜으로 채색한다.

④ 완성된 그림을 다양한 상황이 표현된 사진 위에 올려놓고 어떤 느낌이 드는지에 대해 이야기를 나눈다.

 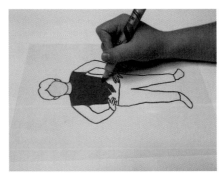

작업과정 및 결과물 예시

6) 적용 및 수정

● 사회성이나 적응력에 대한 어려움이 있는 아동의 경우에는 치료자가 미리 다양한 상황이 담긴 사진을 준비한다면 더욱 풍부한 간접 경험을 할 수 있을 것이다.

● 이 활동을 파워포인트를 활용하여 커다란 스크린을 통해 보게 한다면 자존감에 긍정적인 영향을 줄 수 있다.

2. 칭찬 사다리

1) 준비물

아이스크림 막대, 네임펜, 노끈, 리본, 가위

 준비물 예시

2) 적용 대상 및 유형

아동, 청소년, 성인 / 집단, 가족

3) 적용 시기

종결 단계

4) 목표

● 변화된 자기 자신을 인식하고, 지지와 격려를 통해 긍정적 자아상을 경험
하도록 한다.

● 타인의 장점을 인식하고 표현함으로써 대인관계에서 즐거움을 느끼고 신
뢰감을 얻을 수 있다.

5) 작업과정

① 집단치료과정에서 서로에 대해 이해하고 느꼈던 긍정적인 이미지를 찾아 칭
찬하는 시간임을 소개한다. 그리고 올바른 칭찬에 대한 교육을 하도록 한다.

칭찬을 적을 때는

- 구체적으로
- 능력보다는 노력에 칭찬을
 (예: ○○이는 얼굴이 참 예쁘다.– 능력/○○이는 평소에 양보를 잘하는 친구이다.– 노력)

② 아이스크림 막대기를 집단 구성원 수만큼 나눠 주고, 집단 구성원 개개인에 대한 칭찬을 아이스크림 막대기에 하나씩 적게 한다.

③ 칭찬이 적힌 아이스크림 막대기를 각각의 칭찬 대상자에게 직접 전달한다.

④ 받은 아이스크림 막대기를 이용하여 사다리를 만든다.

작업과정 및 결과물 예시

6) 적용 및 수정

- 이 활동은 타인에게 긍정적으로 기여함으로써 자부심이 높아지고, 대인관계에서 불안감을 낮춰 줄 수 있는 활동이다. 따라서 집단으로 진행할 때 사회성 증진을 목표로 하는 대인관계 기술 향상을 위한 기법으로 활용해도 좋다.

3. 달력 만들기

1) 준비물

4절 도화지, 잡지, 매직펜, 색연필, 스티커, 가위, 풀, 자

✿✿✿ 준비물 예시

2) 적용 대상 및 유형

아동, 청소년, 성인 / 개인, 집단

3) 적용 시기

종결 단계

4) 목표

● 내담자가 치료과정에서 배운 것을 유지하고 확장하며, 미래를 위한 목표를 설정할 수 있도록 돕는다.

5) 작업과정

① 4절 도화지를 반으로 접는다.

② 도화지를 세로로 놓고, 윗부분에는 치료과정 중 초기의 자기 이미지, 중기의 자기 이미지, 후기의 자기 이미지를 잡지에서 찾아 오리고 콜라주로 꾸민다.

③ 도화지 아랫부분에는 달력 칸을 만든다.

④ 각 날짜에 해야 할 일들을 적어 보고, 중요한 목표를 설정한 날짜를 강조하여 표시한다.

작업과정에서 가능한 질문

- 잡지의 어떤 사진이 끌리나요?
- 그 사진이 치료과정에서 경험한 것 중에서 무엇을 생각나게 하나요?
- 치료과정에서 배운 것 중에서 앞으로도 계속하고 싶은 것이 있나요?
- 종결 후에 당신에게(네게) 도움이 될 만한 활동은 무엇인가요?
- 종결 후 새로운 목표가 있나요?

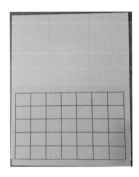

초기

중기

후기

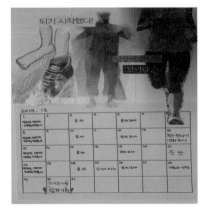

 작업과정 및 결과물 예시

6) 적용 및 수정

- 종결이 다가오면 내담자는 '완벽'할 때까지 치료를 계속해야 하는 것은 아닌지 걱정하고 두려워할 수 있다. 그러나 완벽한 치료란 없고 내담자가 얼마만큼 성장하고 발전했는지를 인식하는 것이 필요하다. 그리고 내담자 스스로가 자기 자신의 치료자로서 역할을 할 수 있도록 치료자는 내담자를 격려하고 지지하도록 한다.
- 집단에서 이 기법을 사용한다면 집단 구성원 각자의 특별한 기억을 통해 치료과정의 이야기들이 더욱 풍부해질 수 있다.

MEMO

4. 미래의 '나' 광고하기

1) 준비물

8절 도화지, 색연필, 매직펜, 잡지, 가위, 풀

준비물 예시

2) 적용 대상 및 유형

아동, 청소년, 성인 / 개인, 집단

3) 적용 시기

종결 단계

4) 목표

● 자기 자신의 가치를 탐색하고, 실현될 자신의 모습을 구체적으로 생각하고 표현함으로써 자존감을 향상시킨다.

5) 작업과정

① 자기가 갖고 있는 강점들을 생각해 보고 간단하게 리스트를 만들어 본다.

② 잡지를 오리거나 그림을 그려서 광고 포스터를 만든다.

작업과정에서 가능한 질문

• 자신에 대하여 훌륭한 점이나 잘하는 것을 말해 보겠어요?

• 잘하는 것을 생각하는 게 어려웠나요?

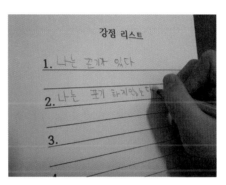

작업과정 및 결과물 예시

6) 적용 및 수정

● 자기가 추구하는 가치와 신념이 미래에 이루고 싶은 소망과 어떻게 연결되는지 탐색하도록 한다.

● 이 기법을 집단치료에 사용한다면 집단 구성원끼리 '잘하는 점'을 찾아 주고 공유하는 과정에서 자신의 능력과 기술을 서로 알아주고 인정해 주는 것이 중요하다는 것을 알게 할 수 있다.

5. 성장나무

1) 준비물

치료과정에서 얻은 작품 사진, 일회용 플라스틱 컵, 흙, 나뭇가지, 스티커, 색종이, 네임펜, 가위, 스카치테이프

준비물 예시

2) 적용 대상 및 유형

아동, 청소년, 성인 / 개인, 집단

3) 적용 시기

종결 단계

4) 목표

● 내담자가 치료과정을 되돌아보는 시간을 가짐으로써 성공적으로 치료를 완수했다는 성취감과 자신감을 얻을 수 있다. 그리고 치료과정에서의 성장을 통해 미래에 대한 긍정적인 기대감을 가질 수 있다.

5) 작업과정

① 치료자는 지금까지 얻은 작업결과물의 변화를 알아볼 수 있을 만한 사진들을 미리 준비한다. 그리고 내담자와 함께 사진을 보면서 치료과정에서 배운 점, 깨달은 점, 좋았던 점 등을 이야기하면서 그동안 변화된 점, 성장한 점, 긍정적 자질과 같은 부분을 찾아본다.

② 플라스틱 컵에 흙을 담고 나뭇가지를 꽂아 준다.

③ 색종이를 나뭇잎 모양으로 자른다.

④ 나뭇잎에 자기 자신이 변화된 점, 긍정적인 자질, 현재의 기분, 치료 후에 하고 싶은 것 등을 찾아 적어 본다.

⑤ 앞의 내용이 적힌 나뭇잎을 나뭇가지에 붙여 준다.

⑥ 내용이 적히지 않은 나뭇잎을 몇 장 더 만들어서 종결 후에 내담자 스스로 작업을 꾸준히 이어 갈 수 있도록 한다.

작업과정에서 가능한 질문

- 우리가 함께했던 일들의 목적은 무엇이었나요?
- 치료과정에서 가장 좋았던 작업이나 활동은 어떤 건가요?
- 치료과정에서 배웠거나 깨달은 점은 무엇인가요?
- 치료와 관련해서 스스로 자랑스럽게 느끼는 점은 어떤 건가요?
- 치료 후에도 계속하고 싶은 것이 있나요?
- 종결하는 현재의 기분은 어떤가요?

작업과정 및 결과물 예시

6) 적용 및 수정

● 아동의 경우에는 치료과정의 경험들을 자세히 기억하고 표현하기 어려울
  수 있으므로 치료자는 치료목적과 성취에 대한 설명과 아동이 이룬 성공에
  대해 충분한 지지를 하도록 한다.

● 컵을 꾸밀 때 자신의 변화된 모습을 그림으로 그리도록 하는 것도 좋다.

● 내담자 스스로 성취에 대한 기록을 간직할 수 있을 뿐 아니라 종결 후에도 긍
  정적인 성장에 대한 기록을 이어 가게 하여 변화된 모습을 지속할 수 있다.

MEMO

6. 박을 터뜨려라!

1) 준비물

바구니 2개, 찍찍이, 지퍼백, 곡식, 스티로폼 볼, 매직펜, 네임펜, 사탕 또는 초콜릿, 스카치테이프, 실

🎗️ 준비물 예시

2) 적용 대상 및 유형

아동, 청소년, 성인 / 개인, 집단

3) 적용 시기

종결 단계

4) 목표

● 치료 시작 단계에 갖고 있던 문제들이 구체적으로 어떻게 변했는지 인식한다.

● 변화된 자기를 인식함으로써 긍정적인 자아상을 확립한다.

● 치료과정에서 성취한 것을 축하한다.

5) 작업과정

① 바구니에 찍찍이 테이프를 붙이고, 바구니 2개를 마주 보게 하여 겹친 후 한쪽을 실로 묶는다.

② 치료 시작 단계에 갖고 있던 문제를 스티로폼 볼에 적거나 그림으로 그린 후 바구니에 담는다.

③ 변화된 자기 모습을 지퍼백이나 곡식 헝겊주머니에 그림으로 그려서 장식한 후 곡식을 넣는다.

④ 바구니에 초콜릿을 넣어 준 후 공중에 매달아 준다.

⑤ 곡식 헝겊주머니를 던져서 박을 터뜨린다.

작업과정에서 가능한 질문

• 치료 시작 단계에 갖고 있던 문제는 무엇이었나요?

• 박이 터졌을 때 느낌이 어땠나요?

작업과정 및 결과물 예시

6) 적용 및 수정

- 지퍼백에 곡식을 넣을 때는 터지지 않도록 입구를 스카치테이프로 한 번 더 붙여 주는 것이 안전하다.
- 이 활동은 감정조절이 어려운 아동에게 활용 가능하다. 그럴 때는 바구니에 분노 유발인자들을 넣어 주어 표출의 경험을 하게 한다. 그러나 이러한 분노 표출이 어디에서나 가능한 것은 아니므로 반드시 여기에서만 할 수 있다는 것을 알려 줄 필요가 있다.

MEMO

7. "~해도 괜찮아!" 푯말 만들기

1) 준비물

4절 도화지, 색연필, 매직펜, 가위, 스티커, 스팽글, 오공본드, 노끈

준비물 예시

2) 적용 대상 및 유형

아동, 청소년, 성인 / 집단, 개인

3) 적용 시기

종결 단계

4) 목표

● '~해야만 한다.' 또는 '~하지 않으면 나는 바보야.'와 같은 비합리적 신념을 파악하고, '~하면 좋겠지만, ~해도 괜찮아.'라는 합리적 신념 푯말을 만들어 집으로 가져감으로써 종결 후에도 스스로 스트레스를 조절할 수 있도록 한다.

5) 작업과정

① 4절 도화지에 푯말 모양의 테두리를 디자인하여 그린다.

② 비합리적 신념을 찾는다(예: ~해야만 한다, ~하지 않으면 나는 바보야).

③ 이것을 합리적 신념으로 바꿀 수 있도록 한다.

④ 찾아놓은 합리적 신념 문구를 푯말에 쓰고 다양하게 꾸민다.

⑤ 스팽글이나 스티커를 이용해서 푯말을 장식한다.

⑥ 푯말 윗부분에 구멍을 뚫어서 벽에 걸 수 있도록 노끈으로 묶는다.

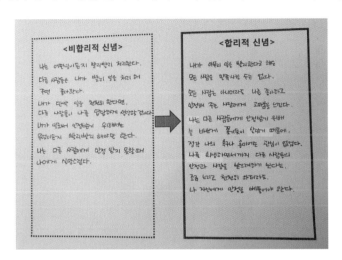

작업과정 및 결과물 예시

6) 적용 및 수정

● 활동지 1 '실행내용 체크리스트'(p. 334 참조)를 통해 일상에서 대안책이 얼마만큼 적용되고 있는지 확인하고, 신념의 변화를 유도하여 지속적인 노력을 이끌어 내도록 한다.

활동지 1 '실행내용 체크리스트'

	스트레스 상황	대안책/실행점수(1~10점)
월		
화		
수		
목		
금		
토		
일		

MEMO

8. 은유적 초상화

1) 준비물

4절 도화지, 오일파스텔, 가위, 풀

🌟 준비물 예시

2) 적용 대상 및 유형

아동, 청소년, 성인 / 집단

3) 적용 시기

종결 단계

4) 목표

● 자신이 미처 깨닫지 못한 장점이나 긍정적인 면을 다른 집단 구성원들로부터 선물받음으로써 자기 자신에 대한 긍정적이고 통합적인 자아상을 얻을 수 있다. 그리고 이를 통해 대인관계에서 신뢰감과 자신감을 고취시킨다.

● 사회적 대인관계 기술을 향상시킨다.

5) 작업과정

① 집단 구성원들이 치료과정을 통해 서로에 대해 알아 가고 이해하는 과정에

서 개개인에게 느꼈던 긍정적인 이미지를 찾아서 은유적 이미지로 각 구
성원을 그린다.

② 이미지를 구성원 각자에게 선물하고, 각자는 선물받은 자신에 대한 은유적
초상화를 도화지 한 장에 재구성한다. 이때 자기가 더 첨부하고 싶은 이미
지가 있다면 더 그릴 수 있다.

작업과정에서 가능한 질문

• 우리가 함께하는 동안 다른 집단 구성원들에게 고마웠거나 좋은 감정을 느껴 본 경험이 있나요?
• 집단 구성원에 대해 처음엔 몰랐지만 치료과정에서 새롭게 알게 된 것이 있나요?

집단 구성원들에게 받은 은유적 초상화 　　　　　　재구성하기

작업과정 및 결과물 예시

6) 적용 및 수정

● 이 활동을 개인치료에 적용하고자 한다면 부모를 초대하여 아동의 긍정적
인 이미지를 그리게 한 후 아동에게 선물하도록 해도 좋다.

9. 영웅의 '창과 방패'

1) 준비물

일회용 접시, 알루미늄 포일, 두꺼운 도화지, 매직펜, 가위, 스카치테이프

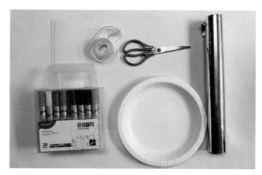

🔷 준비물 예시

2) 적용 대상 및 유형

아동 / 개인, 집단

3) 적용 시기

종결 단계

4) 목표

● 치료과정에서 얻은 성과를 평가하고 아동 자신이 '영웅'이 되어 보는 심상활
   동을 통해 아동의 강점과 미래의 목표에 대한 인식을 내면화하도록 돕는다.
● 아동이 치료를 통해 성취한 것을 시각화하여 자신감을 증진시킨다.

5) 작업과정

① 치료자와 아동은 치료과정을 통해 얻은 성과에 대해 이야기를 나누고, 앞
   으로 이루고 싶은 목표들을 생각해 본다.

② 치료자는 아동에게 자기 자신이 영웅이 되어 목표를 이루는 상상을 하도록 한다.

③ 종이접시 뒷면에 두꺼운 도화지로 손잡이를 만든다. 그리고 두꺼운 도화지를 세로 방향으로 반으로 접은 후에 칼 모양의 그림을 그려서 오린다.

④ 종이 접시와 칼을 알루미늄 포일로 감싸 준다.

⑤ 알루미늄 포일 위에 그림을 그려 꾸며 준다.

작업과정에서 가능한 질문

• 치료과정에서 어떻게 성장하고 발전했다고 생각하나요?

• 자신이 생각하는 자신의 강점은 무엇인가요?

• 앞으로 도전하고 싶은 목표는 무엇인가요?

• '영웅'과 같은 자신의 모습이 앞으로 어떨 때 필요할 것 같나요?

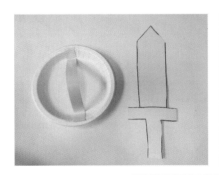

작업과정 및 결과물 예시

6) 적용 및 수정

● 7세 이하의 아동에게 적용한다면 익숙한 영웅 이미지를 미리 준비하여 콜라주로 표현하도록 도울 수 있다.

● 내담자인 아동이 되고 싶은 영웅에 대한 내용을 부모에게 설명함으로써 종결 후에도 아동이 문제를 해결하는 데 있어서 부모가 지지적인 역할을 하도록 도울 수 있다.

MEMO

10. 타임캡슐

1) 준비물

유리병, 굵은소금, 크레파스, 견출지, 스티커, 리본, 칼

준비물 예시

2) 적용 대상 및 유형

아동, 청소년, 성인 / 개인, 집단

3) 적용 시기

종결 단계

4) 목표

● 미술표현을 통해 치료과정에서 긍정적으로 변화한 사고나 신념을 뚜렷이 인식할 수 있도록 돕는다. 또한 변화된 행동이 일상에서 지속될 수 있도록 동기를 부여하고 미래에 대한 각오를 다진다.

5) 작업과정

① 치료과정에서 긍정적으로 이룬 변화에 대해 이야기를 나눈 후에 활동지 2(p. 345 참조)를 활용하여 1년 후 나에게 쓰는 편지를 작성한다.

② 유리병을 스티커로 꾸민다.

③ 크레파스에서 두 가지 색을 골라 칼로 갈고, 굵은소금과 함께 섞어 준다.

④ 색소금과 편지를 유리병에 넣어 준다.

⑤ 유리병 뚜껑에 1년 후 개봉일을 견출지에 써서 붙여 준다.

작업과정에서 가능한 질문

• 치료과정에서 경험한 것 중 좋았던 것은 무엇인가요?

• 처음 치료를 시작할 때와 비교해서 달라진 점이 있다면 무엇인가요?

• 치료과정에서 노력했던 것 중 앞으로 혼자서 할 수 있는 것은 무엇인가요?

• 변화된 모습을 꾸준히 유지한다면 1년 후엔 어떻게 될 것 같나요?

작업과정 및 결과물 예시

6) 적용 및 수정

- 종이가 소금에 있는 물기를 흡수하여 젖는 경우가 있으므로 편지를 넣을 때 랩을 감아 주는 것이 좋다.
- 아동의 나이가 어릴수록 장기목표보다는 단기목표를 설정하고 타임캡슐 개봉일을 너무 길게 잡지 않도록 한다.
- 오일파스텔과 굵은소금 대신 색모래를 사용할 수도 있다.

활동지 2

20 년 월 일
"나는 이런 아이였어."

내가 좋아하는 것	친한 친구	
	좋아하는 음식	
	보물 1호	
	그 밖에 좋아하는 것	
내가 잘하는 것		
나와의 약속	나는 앞으로 이것을 지킬 것이다! 1. 2. 3.	
1년 후 나에게 쓰는 편지		

11. 함께 그리는 초상화

1) 준비물

풍선, 매직펜

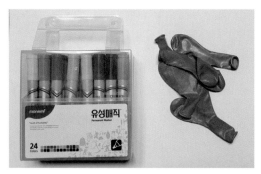

🎨 준비물 예시

2) 적용 대상 및 유형

아동, 청소년, 성인 / 집단, 가족

3) 적용 시기

종결 단계

4) 목표

- 집단 구성원들 간의 긍정적인 상호작용을 통해 대인관계에서 자신감을 갖게 한다.
- 친사회적인 행동을 통해 타인에 대한 신뢰감을 형성한다.

5) 작업과정

① 집단 구성원은 둥글게 둘러앉는다.

② 집단 구성원 모두가 각자 마음에 드는 색의 풍선을 골라서 입으로 분 후에

　자신들의 이름을 쓴다.

③ 이름을 쓴 풍선을 집단 구성원들이 모여 있는 가운데로 모은다.

④ 치료자가 '시작'이라고 외치면 집단 구성원들은 자기 자리에서 이탈하지 않은 채로 풍선들을 바닥에 떨어지지 않고 공중에 떠 있는 상태로 유지시키기 위해 손으로 쳐 준다.

⑤ 치료자가 '그만'이라고 외치면 자기와 가장 가까운 풍선을 잡는다.

⑥ 풍선에 쓰여 있는 이름을 확인하고, 해당 집단 구성원의 얼굴 중 한 부위 (예: 눈, 코 등)를 정성껏 그린다.

⑦ 초상화가 완성될 때까지 ④, ⑤를 반복한다.

⑧ 초상화가 완성되면 자기 풍선을 찾아오고, 풍선의 바람을 빼 준다.

작업과정 및 결과물 예시

6) 적용 및 수정

● 불안감이 있는 아동의 경우에는 풍선이 터질 때 놀라므로 풍선을 지나치게 크게 불지 않도록 유의한다.

참고문헌

김소울(2017). (셀프 미술치료를 위한) 그림으로 그리는 마음 일기장. 서울: 학지사.

김인선, 김설화, 전은청, 오승주(2018). 임상 적용을 위한 미술치료기법. 서울: 학지사.

김지나(2017). 스마트폰 중독 아동의 자기조절능력향상을 위한 미술치료 프로그램 연구: Bandura의 사회인지 이론을 중심으로. 한양대학교 교육대학원 석사학위논문.

김진숙(1999). 표현예술심리치료 참고문헌집. 서울: 한국표현예술심리치료협회.

노영희(2008). 게임중독아동의 자기통제력 향상을 위한 인지행동집단미술치료 연구. 서울교육대학교 교육대학원 석사학위논문.

류창현(2009). (최신) 분노치료 워크북: 분노조절, 문제해결중심, 그리고 심리사회대인관계기술훈련. 경기: 교육과학사.

신민섭, 김수경, 김용희, 김주현, 김향숙, 김진영, 류명은, 박혜근, 서승연, 이순희, 이혜란, 전선영, 한수정(2002). 그림을 통한 아동의 진단과 이해: HTP와 KFD를 중심으로. 서울: 학지사.

영남대학교 미술치료연구회 편(2011). 미술치료학개론. 서울: 학지사.

이수영, 김경란, 강지인, 김보라, 최수희, 박진영, 이은, 안석균(2010). (고립, 방황, 혼란, 착각 및 낯선 소리에 대한) GRAPE 인지치료. 서울: 학지사.

이세연(2017). 인지행동치료를 활용한 미술치료가 어머니의 양육스트레스와 비합리적 신념에 미치는 영향. 동국대학교 문화예술대학원 석사학위논문.

이정숙, 전수경, 심은지, 김현영(2018). 아동·청소년 상담을 위한 미술치료 핸드북. 경기: 파워북.

이지홍(2016). 인지행동치료 기반 집단미술치료가 여성 알코올 중독자의 부정적 정서 및 금주 자기효능감에 미치는 영향. 차의과학대학교 미술치료대학원 석사학위논문.

이진화(2005). 인지-행동 집단미술치료가 컴퓨터 게임중독 아동의 자기통제력에 미치는 영향. 영남대학교 환경보건대학원 석사학위논문.

이희주(2019). 인지행동적 미술치료가 청소년의 자아존중감 향상과 비합리적 신념 변화에 미치는 영향. 동국대학교 문화예술대학원 석사학위논문.

장재영(2015). 인터넷 중독 청소년의 증상완화를 위한 표현예술치료 사례연구: 여가태도 개선을 중심으로. 명지대학교 사회교육대학원 석사학위논문.

주리애(2000). 미술치료는 마술치료. 서울: 학지사.

Bash, M. A. S., & Camp, B. W. (1997). Think aloud: 인지 및 대인간 문제해결 기능 향상을 위한 인지적 행동수정 프로그램(유아 및 초등학교 저학년용) (*Think aloud: Increasing social and cognitive skills: A problem-solving program for children: Classroom program, grades 1-2*). (여광응, 정용석 공역). 서울: 특수교육. (원저는 1985년에 출판).

Beck, A. T. (1976). *Cognitive therapy and the emotional disorders*. New York: International Universities Press.

Beck, J. S. (2017). 인지행동치료: 이론과 실제(2판) [*Cognitive behavior therapy: Basics and beyond* (2nd ed.)]. (최영희, 최상유, 이정흠, 김지원 공역). 서울: 하나의학사. (원저는 2011년에 출판).

Blunt, J. (2017). 해결책 [*(The) book of solution*]. 서울: 쿵(K).

Branden, N. (1994). 나를 존중하는 삶: 삶의 활력 · 자기존중감 (*The power of self-esteem*). (강승규 역). 서울: 학지사. (원저는 1992년에 출판).

Buchalter, S. I. (2018). 자존감 향상을 위한 미술치료 (*Raising self-esteem in adults: An eclectic approach with art therapy CBT and DBT based techniques*). (김소울, 최혜윤 공역). 경기: 교육과학사. (원저는 2014년에 출판).

Burningham, J. (1995). 야, 우리 기차에서 내려! (*Oi, get off our train*). (박상희 역). 서울: 비룡소. (원저는 1989년에 출판).

Carnes, J. J. (1979). Toward a cognitive theory of art therapy. *Art Psychotherapy, 6*(2), 69-75.

Ets, M. H. (2017). 나랑 같이 놀자 (*Play with me*). (양은영 역). 서울: 시공주니어. (원저는 1955년에 출판).

Farmer, R. F., & Chapman, A. L. (2013). 인지행동치료에서의 행동개입 (*Behavioral interventions in cognitive behavior therapy: Practical guidance for putting theory into action*). (하은혜, 박중규, 송현주 공역). 서울: 학지사. (원저는 2008

년에 출판).

Friedberg, R. D., & McClure, J. M. (2007). 아동과 청소년을 위한 인지치료 (*Clinical practice of cognitive therapy with children and adolescent: The nuts and bolts*). (정현희, 김미리혜 공역). 서울: 시그마프레스. (원저는 2002년에 출판).

Goodyear-Brown, P., LCSW., & RPT-S. (2018). 재미있고 쉬운 인지행동 놀이치료 1권 (*Digging for buried treasure: 52 Prop-based play therapy interventions for treating the problems of childhood*). (안명현, 노남숙, 문현영, 김성진, 김지아, 신차선, 박행자, 윤영숙 공역). 서울: 학지사. (원저는 2002년에 출판).

Goodyear-Brown, P., LCSW., & RPT-S. (2018). 재미있고 쉬운 인지행동 놀이치료 2권 (*Digging for buried treasure 2: 52 More prop-based play therapy interventions for treating the problems of childhood*) (안명현, 윤영숙, 이선아, 최지경, 이행숙, 양선영, 서종미, 원경미, 소현하, 오소정 공역). 서울: 학지사. (원저는 2005년에 출판).

Hogan, S., & Coulter, A. M. (2019). 임상적용을 위한 미술치료의 이해 (*The introductory guide to art therapy: Experiential teaching and learning for students and practitioners*). (하은혜, 곽진영, 김효식 공역). 서울: 학지사. (원저는 2014년에 출판).

Kaduson, H. G., & Schaefer, C. E. (2006). 101가지 놀이치료 기법 (*101 More favorite play therapy techniques*). (김광웅, 유미숙, 이소연 공역). 서울: 중앙적성출판사. (원저는 2001년에 출판).

Kelly, G. A. (1955). *The psychology of personal constructs*. New York: W. W. Norton.

Kramer, E. (1958). *Art therapy in a children's community: A study of the function of art therapy in the treatment program of Wiltwyck School for Boys*. Springfield, IL: Charles C Thomas Publisher.

Mahoney, M. J., & Arnkoff, E. (1978). Cognitive and self-control therapies. In S. L. Garfield & A. E. Bergin (Eds.), *Handbook of psychotherapy and behavior change* (2nd ed., pp. 689-722). New York: John Wiley.

Malchiodi, C. A. (1998). *Understanding children's drawings*. New York: Guilford Press.

Meichenbaum, D. (1977). *Cognitive-behavior modification: An integrative approach*. New York: Plenum Press.

Naumburg, M. (1953). *Psychoneurotic art: Its function in psychotherapy*. New York: Grune & Stratton.

Pereira, C. N., & Valccárcel, R, R. (2015). 42가지 마음의 색깔: 감정을 표현하는 법을 배워요! (*Emocionario: di lo que sientes*). (남진희 역). 경기: 레드스톤. (원저는 2013년에 출판).

Rhyne, J. (1979). *Drawings as personal constructs: A study in visual dynamics*. Unpublished doctoral dissertation, University of California, Santa Cruz.

Rubin, J. A. (2012). 이구동성 미술치료: 미술치료 이론의 종합편 [*Approaches to art therapy: Theory and technique* (2nd ed.)]. (주리애 역). 서울: 학지사. (원저는 2001년에 출판).

Seiler, L. (2016). 아동과 청소년을 위한 인지행동치료: 자아존중감 및 자아탄력성 향상 프로젝트 (*Cool connections with cognitive behaviour therapy: Encouraging self-esteem, resilience and well-being in children and young people using CBT approaches*). (김정민 역). 서울: 학지사. (원저는 2008년에 출판).

Shino, M., & Naganawa, F. (2017). 화 잘 내는 법: 참지 말고 울지 말고 똑똑하게 화내자 (イラスト版子どものアンガーマネジメント: 怒りをコントロールする43のスキル). (김신혜 역). 경기: 뜨인돌어린이. (원저는 2015년에 출판).

Spiegler, M. D., & Guevremont, D. C. (2011). 최신행동치료(5판) [*Contemporary behavior therapy* (5th ed.)]. (강영심, 황순영 공역). 서울: 센게이지러닝코리아. (원저는 2009년에 출판).

Ulman, E., & Dachinger, P. (1975). *Art therapy in theory and practice*. Chicago, IL: Magnolia Publishing.

Wadeson, H. (1980). *Art psychotherapy*. New York: Wiley Publishers.

Wright, J. H., Basco, M. R., & Thase, M. E. (2009). 인지행동치료 (*Learning cognitive-behavior therapy: An illustrated guide*). (김정민 역). 서울: 학지사. (원저는 2006년에 출판).

찾아보기

내용

저자 소개

안명현(An Myung Hyun)
명지대학교 일반대학원 아동학과 아동가족심리치료전공 박사
전) 한국표현예술심리상담협회 회장
현) 명지대학교 사회교육대학원 예술심리치료학과 객원교수
    백석대학교 보건복지대학원 특수심리치료학과 외래교수
    발달재활서비스 제공인력 자격관리 분과의원: 미술심리재활
    명아가족어울림협회 이사

강민수(Kang Min Soo)
명지대학교 일반대학원 아동학과 아동가족심리치료전공 박사수료
현) 경희대학교 평생교육원 강사
    봄아동청소년심리발달센터 강남점 부소장

김민지(Kim Min Ji)
명지대학교 일반대학원 아동학과 아동가족심리치료전공 박사수료
현) 경희대학교 평생교육원 강사
    리틀오아시스심리상담연구소 소장
    봄아동청소년심리발달센터 강남점 부소장

김영애(Kim Young Ae)
숙명여자대학교 일반대학원 아동복지학과 아동심리치료전공 박사수료
현) 총신대학교 상담대학원 아동상담심리학과 겸임교수
    봄아동청소년심리발달센터 공덕점 소장

송민영(Song Min Young)
이화여자대학교 일반대학원 유아교육과 석사(문학석사)
현) 경복대학교 유아교육과 겸임교수
    봄아동청소년심리발달센터 강남점 소장

오현주(Oh Hyun Joo)
숙명여자대학교 일반대학원 아동복지학과 아동심리전공 박사수료
현) 동원대학교 아동보육복지과 겸임조교수
　　봄아동청소년심리발달센터 강남점 소장

장재영(Jang Jae Young)
명지대학교 일반대학원 심리재활학과 예술심리전공 박사수료
현) 상명대학교 평생교육원 미술심리지도사과정 운영
　　부평구 중독관리통합지원센터 미술치료자
　　송도공감미술치료센터 기획팀장

정유진(Jung You Jin)
건국대학교 일반대학원 문학예술치료학과 예술치료전공 박사과정
현) 봄심리상담센터 강남점 소장

최희진(Choi Hee Jin)
명지대학교 일반대학원 아동학과 아동가족심리치료전공 박사과정
현) 봄아동청소년심리발달센터 강남점 미술 · 놀이치료자

하연아(Ha Yeon A)
숙명여자대학교 일반대학원 아동복지학과 아동심리치료전공 박사과정
현) 총신대학교 산업교육학부 아동상담심리학과 객원교수
　　봄아동청소년심리발달센터 공덕점 부소장

홍정의(Hong Jung Eui)
명지대학교 일반대학원 청소년지도학과 청소년상담전공 박사
현) 명지대학교 통합치료대학원 예술심리치료학과 겸임교수
　　명우예술심리상담연구소 소장
　　경기도교육청 교권침해갈등조정위원

재미있고 쉬운 인지행동 미술치료
Cognitive Behavioral Art Therapy with Fun and Easy

2020년 3월 15일 1판 1쇄 발행
2024년 8월 20일 1판 4쇄 발행

지은이 • 안명현 · 강민수 · 김민지 · 김영애 · 송민영 · 오현주
　　　　 장재영 · 정유진 · 최희진 · 하연아 · 홍정의
펴낸이 • 김 진 환
펴낸곳 • ㈜ **학지사**
　　　　 04031 서울특별시 마포구 양화로 15길 20 마인드월드빌딩 5층
대표전화 • 02) 330-5114　　　팩스 • 02) 324-2345
등록번호 • 제313-2006-000265호
홈페이지 • http://www.hakjisa.co.kr
인스타그램 • https://www.instagram.com/hakjisabook
ISBN 978-89-997-2062-8 93180

정가 23,000원

출판미디어기업 **학지사**

간호보건의학출판 **학지사메디컬** www.hakjisamd.co.kr
심리검사연구소 **인싸이트** www.inpsyt.co.kr
학술논문서비스 **뉴논문** www.newnonmun.com
원격교육연수원 **카운피아** www.counpia.com
대학교재전자책플랫폼 **캠퍼스북** www.campusbook.co.kr